真僞鑒定價值評估

古代佛造像

真伪鉴别与价值评估

宁云龙 编著

经济日报出版社

图书在版编目（CIP）数据

古代佛造像真伪鉴别与价值评估/宁云龙编著.
—北京：经济日报出版社，2007.1
ISBN 978-7-80180-623-9

Ⅰ.古… Ⅱ.宁… Ⅲ.①佛像-鉴定-中国-古代 ②佛像-价值-评估-中国-古代
Ⅳ.K879.3

中国版本图书馆 CIP 数据核字（2006）第 144278 号

古代佛造像真伪鉴别与价值评估

编 著 者	宁云龙
责任编辑	雷 伟
责任校对	群 力
出版发行	经济日报出版社
地 址	北京市宣武区白纸坊东街 2 号 (邮编:100054)
电 话	010-63588446 63567691（编辑部）63567683（发行部）63567687（邮购部）
网 址	www.edpbook.com.cn
E - mail	jjrb58@sina.com
经 销	全国新华书店
印 刷	三河新世纪印务有限公司
开 本	710×1000mm 1/16
彩色插页	80
印 张	4.5 印张
字 数	71 千字
版 次	2007 年 1 月第一版
印 次	2007 年 1 月第一次印刷
书 号	ISBN 978-7-80180-623-9/G·152
定 价	39.00 元

前　言

佛教造像是古代宗教雕塑艺术的一个门类，一般是指佛教艺术中单独成件的雕塑作品。宗教是一种精神寄托，佛教造像则是佛教僧俗信众精神寄托的载体，佛教造像在佛教的发展和传播过程中所起的作用是无法估量的。

我国的佛教造像是随着佛教的传入而产生和发展起来的。佛教从东汉时期传入中国，对我国思想和文化影响巨大。在漫长的历史岁月里，人们为了宗教活动的需要和宗教情感的寄托，塑造了大量的佛像，尤其是南北朝以后各朝各代，几乎达到了佛像遍天下的程度。这些佛教造像工艺精湛，造型优美，具有极高的文物价值和艺术价值，是古人为我们留下的极其珍贵的历史文化遗产。

我国古代佛像品种和数量极多，传世品也不少，其材质主要有铜、铁、石、瓷、玉、木、泥等。造像以圆雕为主，也有单体佛像和石窟造像（如山西大同云岗、河南洛阳龙门、辽宁义县万佛堂等），因材质和时代不同，往往呈现出不同的艺术风格，每一尊造像都是一部历史，每一尊造像都是中华民族古老文化的结晶。

因佛教是多神教，所以佛教造像形象众多而又繁杂，由于佛教的流变以及社会观念形态的变化，其造像呈现出不同的历史风貌和艺术特色，再加上后世所仿造的赝品较多，鉴别佛教造像的真伪实属不易。收藏者要想能准确地对佛像进行断代和真伪鉴别，必须有一定的文史知识和佛学知识，尤其要掌握各个不同历史时期的造像特征，还要从佛像的造型、材质以及工艺特点等方面进行综合考证。本书主要从我国佛教造像的发展历程、各个不同历史时期佛像造型的艺术特点以及进行鉴赏时所必须了解的佛学知识等方面进行了论述，以供广大佛教造像的收藏和鉴赏者参考。

宁云龙

2006年12月

目 录

MU LU

佛教造像概说

印度释迦牟尼于公元前 6 世纪创立了佛教。原始佛教是以教义为主，充满了哲学性，以口传心授的方法点化佛教徒及众生。释迦牟尼的弟子传人基于对释迦牟尼的崇拜，开始为其塑像并顶礼膜拜，后来渐渐演变为一种偶像崇拜的宗教。在佛教发展过程中，宗教与艺术结合产生了佛教艺术——雕塑和绘画等形式，产生了佛教造像，产生了对佛的偶像崇拜。公元初年，佛教传入中国。佛教在中国传播、发展并逐步中国化的过程中，产生了具有中国文化特点的佛教造像。中国古代佛教造像从东汉至清末历时近两千年，在漫长的历史岁月中，各个时代的佛教造像呈现出不同的艺术特点。中国古代佛教造像具有哲学、美学、宗教、历史、文化、艺术、经济乃至收藏等诸多方面的价值。收集、鉴定、整理、研究佛教造像，是一项有意义的文化活动。

佛教造像的起源

佛教起源于古代印度。公元前6~前5世纪，迦毗罗卫国（今尼泊尔南部）净饭王的长子乔答摩·悉达多创立佛教。乔答摩是姓，悉达多是名。因为他是释迦族人，所以佛教徒尊称他为释迦牟尼，奉为释迦族的圣人，成为人们崇拜的偶像。

佛是梵语“佛陀”的简称，是“觉悟者”的意思。佛教教义依据神秘的神不灭论为原旨，并在此基础之上创立了因果报应、生死轮回学说。佛教认为，人生充满痛苦，只有通过执著的修炼修行，才能达到超脱生死轮回，觉悟成佛，达到最终解脱的境界。佛教是一个庞大的独立思想体系，博大精深，在长期的发展传播过程中，形成了包含宗教的教主、教义、宗教戒律、仪规制度和情感体验等复杂完整的体系。佛学教义的逻辑分析、思辩能力强，论

清代铜鎏金释迦牟尼像

证方法也十分缜密。佛教从产生到现今已经传播了两千多年，广泛流行于东亚和南亚各国，对所在国家的文化艺术都产生过巨大的、深远的影响。佛教与基督教、伊斯兰教并称为世界三大宗教，是世界上影响最为深远的宗教之一。

印度佛教经过长期努力，产生了辉煌灿烂的佛教艺术。佛教艺术经历了一个从无像到有像，从象征性偶像到写实风格佛陀像，再到众佛群像崇拜的演变。

早期佛教并不是一种偶像崇拜的宗教，它主要是一种人生哲学，强调在人生实践中达到觉悟的境界。释迦牟尼自称觉悟成佛，是表明自身对宇宙和人生真理的大彻大悟，并没有把自己当做脱离尘世的神灵。佛教徒也把释迦牟尼当成有崇高人格的导师，无需用造像来再现佛陀，加以神化崇拜。释迦牟尼在世时，不主张对自己作形式上的崇拜，并告戒众徒，修道者要通过自我修行来寻求最终的解脱，否则即使天天见到佛陀，也无法取得修道成果。在佛教初始时期，曾规定比丘不许画像。直到后来，在佛教的发展过程中，佛陀才逐渐被神化了，但在释迦牟尼在世及其去世后的四五百年间，没有任何释迦牟尼和其他众佛的造像出现过。

佛教在其发展传播过程中，人们发现不允许偶像崇拜、不允许造像的教义无法寄托信徒的宗教感情，尤其是无法满足人们对众佛狂热崇拜的心理需求，不利于佛学思想的传播，也不利于佛教的普及和发展。因此，在佛教的传播和世俗化过程中，便逐渐产生了佛教艺术，产生了佛教造像。佛造像的出现使佛教进入了偶像崇拜的时代，进入了一个全新的发展时代。

公元前1世纪中叶以后，在古印度的犍陀罗和秣菟罗首先出现佛的造像，并独立形成不同的艺术风格，从而产生古代印度历史上的两大佛教造像中心。

犍陀罗为古印度王国，位于今印度西北部。公元前327年，马其顿王亚历山大率军队入侵印度，犍陀罗成为希腊人的属地，该区域不可避免地受到希腊艺术的影响。犍陀罗艺术融合了古希腊艺术，创造了与秣菟罗艺术不同的具有新的艺术风格的释迦的各种形象，这种新的艺术风格被称为“犍陀罗风格”。该风格的主要特征为佛的面容高鼻深目，眉间有白毫相，两耳垂肩，长发呈波浪形，着通肩式或袒右肩式大衣，衣褶为平行线，且有重量及质量感，头部后呈圆形光圈，形象写实富于西方样式。犍陀罗艺术后来又接受波斯文化和中印度的秣菟罗艺术的影响，并经中亚传入中国，对中国早期佛教造像艺术影响甚大。

佛法教理博大精深，佛经卷帙浩繁，普通民众很难领悟至深，尤其是难以被广大的民众所接受。佛教通过艺术手段、艺术形象比通过经典理论传播具有不可替代的优势，更有利于佛教教义和思想的普及。佛教采用各种艺术形式，其中最重要的是雕塑、绘画，把佛教具体化、形象化，从而产生了巨大的社会影响力和感召力，创造具体佛陀形象成为佛教发展的必然要求。宗教的发展过程或某一发展阶段，是广大信众在共同的宗教实践活动中有意识或无意识地共同创造的成果，是一个传播宗教、接受宗教、创造宗教的过程。在这种近乎全民崇佛的过程中，高深的佛学经卷距离社会民众的生活甚远，僧俗大众需要适合于自己信奉佛教的形式，因此创造了这种可以寄托佛教感情、产生宗教认同和凝聚力、有利于宗教传播的对象和方式——佛教造像。历史上不同的佛教教派在传播教义和争取信徒的过程中都是借助于造型艺术形象来完成的。人们建塔、修庙，运用绘画、雕塑、建筑、装饰等艺术手段来学经崇佛和加深宗教情感，以至佛教的造型艺术遍及亚洲及东方的大部分地区。佛教与艺术的结合，的确加快了佛教的传播和普及过程的速度。佛教因而被称为“像教”，即“以像设教”，它对中国的文化发展产生了重要影响。

中国古代佛造像的发展源流

中印两国很早就开始了文化交流。佛教在两汉时期逐渐传入中国。根据史载，汉明帝永平七年（公元64），派使臣蔡音、秦景等前往西域拜求佛法。他们在月氏遇上了天竺（古印度）高僧迦什摩腾、竺法兰等人。于永平十年（公元67）同两位印度高僧返回京城洛阳，并用白马驮回经书和佛像，同时在洛阳东郊建造寺院。为将白马驮经卷传播佛教的功绩永垂史册，将寺院定名为“白马寺”。白马寺是佛教传入中国后朝廷修建的第一座寺院，被誉为“中国第一古刹”。这就是中国佛教史上有名的“永平求法”。佛教实际上在西汉年间就已传入中国，但没有得到足够的重视，佛教在东汉明帝时才得到朝廷的承认，从而奠定了佛教在中国传播的基础。所以，在历史上人们一般公认从东汉永平求法开始，佛教才正式传入中国。永平十六年（公元73）

班超出使西域，这一时期匈奴失去了对西域各国的控制，西域“丝绸之路”畅通无阻，中西文化交流道路开辟，印度佛教僧侣和中国信徒相继往来，中印文化交流更加频繁。

中国是具有高度文明的古国。灿烂的华夏文化在向外传播、辐射的同时也接受吸收着周边文化。华夏文化是在与外界文化的冲撞、交流、同化、吸收、融合中不断发展起来的。

在中国文化发展史上，有两次大的外来文化输入。一是公元1世纪印度佛教传入中国，另一次是19世纪西学东渐即西方文化理念的渗透。华夏文化的特点是实用理性文化。中国的本土宗教——道教是一种原始形态的宗教，渊源于古代的巫术和战国秦汉之际的方术。中国人从实用主义的态度看待宗教，把道教当做祈福消灾、仕途财路发达、长生不老、羽化升仙等实现世俗目的的手段。中国人更注重的是现世的生活感受，而不是来世天国的虚幻景象。佛教是一种高度成熟、理论精深的宗教。那时候，人们对与中国传统文化如此不同的佛教并不认识，只能通过中国人已有的思想观念去看待它，把它等同于道教神仙方术，把它视为道家的黄老之学。这是对佛教理解不深，佛教并没有进入中国人的心灵深处，对中国人的精神生活影响也不大。佛教刚刚传入中国时，只有一些社会上层和少数官吏信奉，没有形成广泛的基础。

汉末及魏晋南北朝时期，社会动荡、战乱不已，广大民众连生命都得不到保障，人们对现实生活失去了信心。这一时期，以正统儒学异端出现的玄学思潮乘势而上，上层社会更加腐化颓废，醉生梦死，耽于享乐，人们的思想更加困惑，这便为佛教传播提供了深厚的社会土壤。在这样的社会背景下，佛教的众生平等、精神不灭、施受助人、生死轮回、天堂地狱、修行成佛、最终解脱的思想和教义逐渐被人们所接受。一些人用玄学解释佛理，出入于玄释之间，玄学和佛学合流，为佛学的发展提供了思想条件。适宜的社会氛围和思想环境使佛教在广大区域迅速得以传播。中国思想家吸收了佛教超越性、形而上、思辩性等思想成分，以致在隋唐时期产生了具有中国本土文化特点的自成体系的天台、唯识、华严、禅宗、净土、密宗等本土佛教宗派。然后，经过文化碰撞，印度佛学、中国化的禅宗和禅学直接影响了儒学，产生了儒学的新的形式——宋明理学。理学融会了古印度文化，提高了中华民族理论思维水平。理学是先秦以后对儒学最重要、最大的一次继承、创新和发展，成为宋代以后中国封建社会后期占有统治地位的学术思想。中华文化以其特殊的包容性和融合能力改造、消化、吸收了外来的印度文化，印度佛

石雕白度母像

教被中国化了，使其成为中国文化大家庭中的重要一员。佛教在中国的传播是中印文化交流的一次成功实践，从而使佛学深入人心，在中国文化发展史上，直接影响了中国文化的发展，并成为中华传统文化重要的组成部分。佛教几乎成了国教，其对于社会生活的影响，更是不容小视。

佛教传入中国，产生了中国古代佛教艺术，产生了中国古代佛教造像。佛教在中国的传播、发展过程，也是佛教和佛教造像中国化的过程。中国人按照自己的方式在印度佛教造像文化的基础上注入了中国文化的精神，使其在发展进程中，在不同的历史阶段逐渐形成了传承基础上的不同的艺术风格。这也是中国古代佛教造像所具有的巨大文化价值的根本原因。

就整体而言，佛教艺术主要包括雕塑、绘画、建筑艺术和文学创作等内容。其中，雕塑属于佛教艺术中的佛教造像艺术范围，但佛教造像一般是指单独成件的佛教雕塑作品，一般并不包括大型佛教石窟造像群。这种供奉在家庭佛龛上和寺庙里的小型单独成件的佛教造像，成为现今佛教信众和收藏爱好者钟爱之宝。雕塑是立体艺术，绘画是平面艺术。雕塑作品形象生动，具有强烈的艺术感染力。在历史长河中，雕塑比绘画更易于保存，而单独成件的小型雕塑也十分便于根据特定需要摆置和转移。所以，雕塑的佛教造像艺术作品在佛教传播发展过程中发挥着特殊的、不可替代的作用。它集宗教、艺术、历史价值于一体，也是人们收藏的主要宗教艺术品。

佛造像是体现佛教创始人释迦牟尼及其弟子侍从等众佛形象的艺术品，一般经雕塑而成，从雕塑的材质分。佛教造像主要分为石、木、竹、玉、牙、角雕像，金、银、铜、铁铸像，泥、陶、瓷塑像等品类。从雕塑所处的历史年代和艺术特点上，佛教造像可分为魏晋南北朝时期、隋唐时期、宋辽金元

清代瓷粉彩观音像

时期、明清时期。从东汉起到清末止，在漫长的历史进程中，雕造的佛像数量是难以估量的。

中国古代佛教造像所用材质种类较多，但最常见的有石刻、铜铸、泥塑、木雕、瓷塑造像等多种。

石刻造像一般是指单独成件的石刻作品，以区别于大型的石窟造像。它主要供奉于佛教寺庙和家庭佛堂、佛龛里。石刻造像鼎盛于南北朝和隋唐时期。

由于金银稀缺珍贵，金银佛铸像稀少。古人称铜为金，所谓“金像”一般实为铜像。铁像易锈蚀，没有金属光泽。所以，金属铸像多为铜铸像。铜铸像分为青铜、鎏金两种。它是以铜为原材料，翻砂铸造而成。铜铸像富于质感，金光闪闪，有美丽的金属光泽，感觉光润、高贵，易于长期保存。

木雕造像材质主要有楠木、樟木、黄杨、柏木、梨木等。因木材属于有机物质，易腐朽，不易长期保存，所以木雕造像存世的很少。现在传世的木雕造像主要为宋元明清时代的作品，宋以前的作品已很难寻觅。

陶瓷造像是用陶土或瓷土烧制成的。陶瓷造像在南北朝时期已经出现。陶瓷造像的造型简单明快，有较强的质感，艺术表现力强烈。

由于佛教诸神众多，每一位神都有不同的造像姿态，再加上所用材质各异，每种造像历史阶段的文化背景也不同，落差又大，鉴别实属不易，这需要我们掌握一定的佛学知识和文物鉴别能力，才能对佛像的真伪和价值做出准确的判断。

中国的佛教造像最早出现在东汉时期。这

明代铜释迦牟尼像

一时期的佛像制作工艺简单，并深受印度犍陀罗艺术影响。魏晋南北朝是中国佛教发展史上的一个重要时期，佛教传播和发展的速度和规模都很大，佛像造型进入了第一个高潮期。

南北朝时期，佛教造像虽具有的印度犍陀罗艺术的风格，但已经逐渐和中国文化融合了。佛像面容由高鼻通额、薄唇、卷发的外来样式逐渐演化为具有中国当时审美取向的瘦削清秀，即所谓的“秀骨清相”形象。佛像服饰也由原来的袒右肩式和通肩式大衣，演变成南朝文人士大夫常穿的褒衣博带式大衣。菩萨造像也逐渐演化为中国民间秀美的女身形象，服饰也开始中国化了。

隋唐时期，佛教造像表现出浓厚的民族风格和明显的人格化、世俗化倾向。唐代是中国封建社会的鼎盛时期，也是中国古代佛教造像艺术的全盛时期，是中国古代佛教造像艺术发展的第二个高潮期。

这一时期的佛像面容丰满、体态丰腴、雍容华贵，人物刻画细致准确，艺术上浪漫夸张、精致完美，具有强烈的艺术魅力。

隋代汉白玉菩萨像

从宋代开始，由于程朱理学兴起，佛教在社会中的地位逐渐衰落，佛教造像艺术也开始走下坡路。由于宋代城市商业兴盛，世俗文化繁荣，佛教造像也日趋世俗化、人格化。这个时期佛教造像风格高度写实求真，佛像多为人格化的罗汉和观音像。

宋代佛教造像艺术具有繁缛华丽的特征，但在后期，造型特征表现出明显的纤巧无力、缺少神韵的特点。

元代由于蒙古族统治者从中国边北地区进入中原，所以当时尊崇藏传佛教——喇嘛教即密教，密宗造像开始在中国北方流行。明代佛教造像继承了唐宋佛教造像

元代铜鎏金八臂观音像

宋代铜鎏金菩萨像

艺术的风格，没有大的发展和突破。清代佛教造像主要为喇嘛教的铜佛像，虽技术上细致精巧，却缺少艺术感染力。

中国古代的佛教造像随着佛教的发展变化及各个不同历史时期的政治、经济、文化的变化而呈现出不同的历史风貌。不论是对古代佛像进行断代还是真伪鉴别，首先必须牢牢把握这一点，要从佛像的造型、材质、工艺水平等多方面进行综合鉴识。

六朝和隋唐时期的佛教造像，适应当时的审美情趣和社会观念，逐渐形成了中国独特的造型艺术。从造型上看，人体比例适度，形象生动活泼，设计独具匠心。从工艺水平上看，刻工刚劲有力，技法娴熟，做工精细，人物刻画相当准确细致。尤其是把雕塑艺术同绘画相结合，色彩也日趋丰富。

唐以后，由于庙宇繁盛、佛教流派的演变、禅宗思想的兴盛，佛教造像从造型上看，更加摆脱了佛教仪轨的严格约限，普遍流行观音、罗汉和祖师等造像的制作。尤其是观世音菩萨、布袋和尚等带有世俗特色的造像，不拘一格、品种繁多、款式不一，带有浓重的封建哲理气息。这一时期的佛教造像世俗化、人格化特点十分明显，从形态到服饰等各方面往往以那个时期现实中的人物为标准制作，在鉴别时一定要加以注意，这是该时期佛像造型的突出特征。

作为我国佛教主要宗派之一的密宗，即喇嘛教或藏传佛教。其造像无论内在精神状态还是外表形象，从体形、面相、服饰、姿态、执物到背光、台座、龛形等多带有梵式喇嘛教的特征。这一“梵式造像”特征，元代最为明显。明代回归汉俗，汉式造像与梵式造像融合演变，清代则出现两种造像共同发展、相互融合的局面。这些特色在西藏、青海等地的密宗造像中可得到印证。尤其是一些密宗鎏金铜造像，制作精美、形象生动、光彩夺目，有的往往镶嵌有奇珍异宝，华贵异常，具有极高的文物和艺术价值。

对佛像进行鉴别，除把握上述特征外，还要注意各个不同时期材质的特

清代铜鎏金大持金刚像

点。例如六朝及隋唐时期的铜造像，其铜质纯正，而仿品大多含有杂质。另外，明代造像铜色发红，其造型容貌丰润，制作技法纯熟。清代造像铜色发黄，刻工生硬，在鉴别时一定要综合考虑。

鉴别佛像，首先要掌握各个不同历史时期的制作技法特征，如北魏及隋唐时期的石造像制作精细，但手法简洁明快，形象生动传神。近年来所仿的赝品，大多仿其外形，而神韵不够，缺少庄雅深沉的内涵，而且刀法粗俗，显得笨拙、缺乏灵气，一些细部的刻画也不够精致。

中国佛教造像基础知识

佛学理论博大精深，在长期的传播演进过程中，产生了以造型艺术为主的佛教艺术。佛教诸神形象众多，造型迥异，风格庞杂。佛教是多神教，有佛、菩萨、罗汉、诸天、神怪等一系列崇拜对象，并以佛教造像的艺术形式表现出来。佛教供奉的佛像、菩萨像、罗汉像、神像种类极多，居世界各大宗教首。鉴于以上的情况，佛教又被称为“像教”。

在中国，不论是汉传佛教还是藏传佛教，其形象庞杂众多，常会令一般人目不暇接。如果遇到一尊佛像，往往搞不明白是什么神像，弘法的作用是什么，姓甚名谁，对这尊佛像的佛学内涵当然更是一无所知。在这种情况下，怎能对这尊佛像进行鉴赏呢？可见，要对不同历史年代的佛像进行断代及真伪鉴别，首先应掌握一定的佛学常识，应该知道各位佛的造型特点，这样看到一尊佛像，就能很快识别出是什么佛，在此基础上再去进行文物鉴别。

为了对佛像有一个初步的感性认识，在中国众多的佛教庙宇中，可以比较明确地找到对应的佛陀形象和佛法寓意。

只要是有一定规模的佛教寺院山门前，大多站立着两尊金刚塑像，手持金刚杵分一左一右，这就是守卫佛神、护法佛理的夜叉神（执金刚），民间俗称“哼哈二将”。

佛寺的第一重大殿是天王殿，殿中供奉的大佛为弥勒菩萨，其身后的那尊面向北的立像为韦驮天，其东西两侧的四尊为四大天王。这四大天王分别是东方天王提多罗吒、南方天王毗琉璃、西方天王毗留博叉、北方天王毗沙门。

天王殿后就是大家都熟悉的大雄宝殿。大雄，是对释迦牟尼佛威德高尚的称赞，所以大雄宝殿中供奉的是佛教的教主——释迦牟尼佛，俗称“如来佛”。实际上如来佛不是专指释迦牟尼，而是一切佛的通称。释迦牟尼的造像姿势有多种，寺庙中常见的有成道相、说法相和旃檀佛像等几种。释迦牟尼是佛教中最主要的崇拜对象，释迦牟尼像在佛教造像中处于最受尊崇的地位，塑造释迦牟尼形象有具体的规定和要求，即三十二相与八十好，合称“相好”。所谓相好，是在佛教发展过程中逐渐形成的。

三十二相，也称为“三十二大人相”、“三十二大丈夫相”、“四八相”等，是指释迦牟尼的32个显著特征，即释迦造型的耳、眼、鼻、舌、身以及姿态服饰等的32个形态，是造像的主要依据。这些都是从佛教经典意义上说的，实际上，在汉传佛教造像中体现的也不过十多种。

释迦造型还有八十种好，也称为“八十种小相”，是指释迦牟尼容貌80个细微的特征。造像能表现出来的有：鼻梁修长、不见鼻孔、眉如初月、耳大垂轮、踝骨深藏不露、唇如红苹果色、上下唇相称、脸丰满如秋天满月、眼眶宽长、眼睛青白分野明显、手指脚趾圆润细长柔软不见骨节、头发长而不乱右旋螺发稠密，为浅青色等。

释迦牟尼佛像一般有三种典型姿态，分为两种坐姿、一种立姿。第一种为结跏趺坐，俗称盘腿打坐，左手横放在右脚上，名为“定印”，表示禅定的意思；右手直伸下垂，名为“触地印”，表示释迦在成道前为了众生牺牲自我，这一切只有广阔的大地才能印证，因为这是在大地上做的事。这种造像名为“成道相”。

结跏趺坐时，先把右脚脚心朝上压在左大腿上，再把左脚如法照样压在右大腿上，称为“降魔坐”，又称“降伏坐”。反之，先左脚后右脚的盘腿坐法，称为“吉祥坐”。

第二种也为结跏趺坐，左手横放于左脚上，右手向上屈指作环形，称为“说法印”，这是“说法相”。

第三种为立姿，左手下垂，右手屈臂上伸，称为“旃檀佛像”。下垂手势称“与愿印”，表示能满足众生愿望，上伸手势称“施无畏印”，表示能解除众生苦难。据说，佛祖在世时印度优填王曾用旃檀木所造的

辽代旃檀释迦牟尼佛像

像就是这种造型姿态。后来仿造此形象所造之佛像都称之为旃檀佛像。

佛教造像中手和身体某种固定化并赋予了一定意义的动作造型称为“印”，印的形象称为“印相”。印相是佛像、菩萨像、诸天像、罗汉像空手时的手姿、身体姿势和手持器具的姿势。其中手的固定化造型，称为“手印”，如“与愿印”、“施无畏印”、“禅定印”、“宣法印”、“降魔印”等。

唐代阿难、迦叶像

释迦牟尼佛像一般身着通肩式或袒右肩式袈裟，手上不持物件。

佛像安置于台座上，一般为“莲花座”即莲花形台座，莲花是佛教特殊的象征物；还有一种方形的象征佛教圣山须弥山的台座，称为须弥座，也称为金刚座。

佛像有背光，象征佛放射出光焰。背光有身光和项光（即头光）两种，是佛说法时身放光焰的体现。

清代铜鎏金背光火焰佛像

在释迦牟尼佛像旁，一般都有两位比丘立像，这是佛的两个弟子的造像。年长些的名迦叶尊者，另一位名为阿难尊者。释迦牟尼涅槃后，迦叶尊者为继承人统领徒众，后世称之为初祖。初祖涅槃后，阿难尊者继续引领徒众，后称为二祖。

殿中供奉的主佛大多不只释迦牟尼佛一尊，一般为多尊，最常见的为三尊佛像。其中以三世佛造像为最多，居中的那尊佛像为现在佛（目前这个世界的佛）——释迦牟尼佛，左边的那尊为过去佛——燃灯佛，右边的为未来佛——弥勒佛。有时又称三方佛，居中者为释迦牟尼佛，左边为东方佛药师佛，右边为西方佛弥勒佛（无量寿佛）。三尊坐像旁边各有两尊菩萨立像。释迦边上的两尊分别为文殊菩萨和普贤菩萨。药师佛旁的立像为日光菩萨和月光菩萨。阿弥陀佛旁边为观世音菩萨和大势至菩萨。

大殿中供奉的三尊佛像，有时又为三身佛。三身佛是释迦牟尼佛的三种不同的现身。当中的是法身佛——毗卢遮那佛，左边的为报身佛——卢舍那佛，右边的那尊是应身佛——释迦牟尼佛。

净土宗寺庙多在大殿上供奉一尊阿弥陀佛或接引佛造像。接引佛是阿弥陀佛的立像，为接引众生之像，其态右手下垂，施与愿印，左手当胸，掌中握金莲台。

密宗寺庙往往供奉五尊佛像，为五方佛。正中那尊是法身佛毗卢遮那佛；左边第一尊是南方宝生佛，第二位是东方阿閦佛（又称阿閦婆佛）；右边第一尊是西方阿弥陀佛，第二尊是北方不空成就佛。

寺院大殿的两侧大多供奉十八罗汉造像，为18尊形态各异的佛像造型。

在大殿主佛像背后，大多供有背向而坐，即坐南向北的菩萨像。多为一尊观世音像，有时为文殊、普贤和观音三大士的三尊像。其中骑狮子的为文殊，骑六牙白象者为普贤，登鳌的那位则是观音。

寺院中还往往有专门供奉观音的大殿，称观音殿或大悲坛。其造像多为自在观音像，观音塑像为一足盘膝，一足自然下垂，手持（或放在边上）一个净水瓶，瓶插柳条，象征观音大慈大悲以甘露遍洒世间大地。观音像前有童男童女立像各一尊，童子为善财童子，童女为龙女。另外还会有圣观音像，造型一首二臂，结跏趺坐，手持莲花或结定印，天冠上有阿弥陀佛像。

佛教传入中国时间悠久，不同地区的教派风格也有很多差异。其实，佛像造型是很有规律性的，只要掌握一定的佛学常识，是不难辨别的。

清代莲花手观音像

佛像造型的分类、名称、意义

首先应该掌握佛像造型的分类，常见的佛像造型主要可分为以下几类：

如来像

释迦牟尼佛、燃灯佛、弥勒佛、阿弥陀佛、药师佛、卢舍那佛、毗卢遮那佛等。

辽代观音菩萨像

菩萨像

观音菩萨、文殊菩萨、普贤菩萨、大势至菩萨、地藏菩萨等。

比丘像

罗汉、祖师、弟子等。

诸神像

梵天、帝释、四大天王等护法神，佛和菩萨化现的各种愤怒神像等。

其他神怪像

民间神怪、供养人、西藏当地神和各种吉祥物等。

上述分类与佛学中神格等级类别并不完全一致，但大体概括了比较常见的佛教造像。

佛像造型类别众多，一般人很难辨认识别，但各种造像都是按其天国阶次，或者说严格按照神格来塑造的。

面对众多佛像，如何来确定其神格呢？我们都知道，佛像是在漫长的历史传播过程中形成的造形艺术，是拟人化了的。对佛像众格的确定，首先可以从服饰、装扮上入手。

对于佛像，应先从头部区分：只要是佛这一阶次的，一般头上都有肉髻，其头发（应称为佛发）有印度系（式样）的右旋螺发，也有犍陀罗系的水波纹佛发，两眉之间有时有白毫，有时可能没有。凡上述样式的一般都是佛。

从穿戴上看：佛陀一般头上无冠，但是公元9世纪后密宗的佛陀有头上加冠的，其佛发亦是高肉髻和螺发状，毗卢遮那佛（大日如来佛）往往加戴五佛冠，称之为毗卢帽。藏传佛教也有一些佛陀头上有冠，这时就要从服饰上做进一步区分。

佛陀的衣着，早期多为印度袒右肩式袈裟或犍陀罗式通肩大衣两种式样。另外，藏传佛教的佛像造型也一直保留至今。汉传佛教的佛像造型从北魏时期始，受当时文人雅士及皇权服饰穿着的影响，逐渐多为褒衣博带式大衣。受汉传佛教造型的影响，藏系佛像也有身着汉传佛教造型大衣的，鉴别时应加以注意。

从手印和持物标识上区分：阿弥陀佛一般是双手重叠放在膝上作禅定手印状；毗卢遮那佛一般双拳紧握，两手食指相并，称为智拳印；药师佛右手捻一药丸或左手托一小壶；其他佛或做说法印，或做施无畏印，往往没有固定的姿态。佛经上对于手印一般也没有严格的教礼。佛的手印有降魔印、说法印、禅定印、施无畏印、最上菩提印等五种，各佛可互用。佛教经典对各种佛的描述，因时代不同也有所区别。如早期的药师佛，左手托一小药壶，右手食指与拇指相捻，并伸向前方做施与状。明清时的药师佛，左手掌向上并放在膝上，右手拇指与食指捻一药丸。早期的阿弥陀佛两手掌重叠置膝上做禅定印，晚期则手托莲台呈禅定坐相，藏传佛像则手托一宝瓶。

从座次排位上区分：中国大多数佛教寺庙的大殿内往往可见三尊佛像并排而坐或直立，一律为如来相。从座位上区分，依次左边为过去佛——燃灯佛，居中为现在佛——释迦牟尼佛，右边为未来佛——弥勒佛。

三佛并坐时，要确认佛名，最好先找出比较好确认的药师佛或阿弥陀佛。如找不到上述两位佛，则肯定是过去、现在、未来三世佛，知道中间为释迦，其他佛像也好确定了。总之，三佛并坐时可以从座次上来准确定名。

如果单尊佛像识别起来难度较大，则要求熟知每尊佛的手印、姿态、持物、服饰等特点。如弥勒佛在单尊供奉时，其坐姿较为特殊，即双足下垂着地，称之为倚坐像，表示弥勒佛在兜率天宫端坐着等候下生成佛的姿势，以著名的乐山大佛为代表。藏传佛教对弥勒佛极为崇拜，大寺院必有着菩萨妆的弥勒倚坐像或立像，其肩膀上往往有法轮或水瓶标识。

总之，如果掌握一定的佛学知识，又能了解如来相、菩萨相等各类佛的一些特点，就不难确定佛名。为了帮助大家掌握一定的佛学知识，也为了帮助大家对一些常见佛像种类有一个概括的了解，下面对一些常见佛像作一简单介绍。

如来像

佛教中的如来，是一切佛的总称，是佛像的主要造型。

释迦牟尼佛

释迦牟尼佛简称释迦，是佛教的教主，佛教的创始人。历史上确有其人，原名叫乔答摩·悉达多。他是古印度北部迦毗罗卫国净饭王的太子。据说他29岁离家修行，最后达到“觉悟”，并一直在印度北部恒河中部一带传教，有弟子数百人，其中有十大弟子最为出色、著名。80岁去世后，被弟子尊为“现世佛”即“应身佛”，在佛教庙堂中都供有释迦像。释迦随三界六道的不同状态而现身，雕像一般有苦行像、降魔像、转法轮像、涅槃像等多种。释迦像一般刻成“面净如满月”、耳朵环垂埵、两眉间有白毫；头顶有肉髻、波状髻和螺髻发型；面部端庄而慈祥，两眼向前凝视；坐姿为结跏趺坐、垂坐和交脚坐；并依不同情态有各种手印。服饰或着印度袒右肩式袈裟，或着犍陀罗式通肩大衣，或穿中国古代汉装的“褒衣博带”式宽服大衣。圣像多数端坐莲花盆上，似乎在向世人传播佛法的真谛。

燃灯佛

燃灯佛，又名如来锭光佛。据佛经《大智度论》说，燃灯佛在出生日周身光亮如点满灯光，故有此称谓。释迦牟尼童年时由于送青莲花给燃灯佛，燃灯佛非常满意和喜悦，就收释迦为徒。燃灯佛应是释迦的启蒙老师。

据说一天师徒同行外出弘法，走在泥泞的道路上，释迦便脱下衣服让燃灯踩着走过去，对燃灯十分尊敬照顾。燃灯很感动，对释迦预言：“经过九十一劫后，叫贤劫，那时你会成

清代铜鎏金释迦牟尼佛像

佛，号释迦如来。”

燃灯佛辈分最高，应是佛教的最高师祖。他的佛法最强，在众佛中的地位也是最高的，又称燃灯古佛，在三佛中被尊为过去佛。

弥勒佛

弥勒佛，在三世佛中为未来佛。据说释迦牟尼曾预言，弥勒将来必定会成佛。他被释迦收为弟子，并先于释迦而去世，而到弥勒净土兜率天宫去享受欢乐。经过56亿多年后弥勒下界，在人间广泛传播佛法。

在中国五代后梁时期，据说南方有个怪和尚，他身材矮胖，肚子非常大，起居无常，四处坐卧，并常常语无伦次，经常用竹竿挑着一个大布口袋，在街市中化缘，时人称之为布袋和尚。他能预报天气，洞察人的过去未来，为人测福消灾，十分灵验准确。布袋和尚在圆寂时说偈语：“弥勒真弥勒，化身千百亿，时时示时人，时人自不识。”这时人们才悟出他原来是弥勒佛的化身。以后人们就依照布袋和尚的形象塑造出可爱的大肚弥勒佛像。

清代铜鎏金弥勒佛像

大雄殿中的弥勒佛造像，结跏趺坐，双掌重叠置于膝上，做禅定手印，或手托莲台，呈禅定坐相，藏传弥勒佛往往手中托一宝瓶。单尊弥勒佛像双足下垂着地，呈结跏趺坐（倚坐）像，表示弥勒佛在兜率天宫端坐等待下界成佛。

阿弥陀佛

阿弥陀佛是三方佛中的西方佛，又称“无量寿佛”。阿弥陀佛是西方极乐世界的教主。西方极乐世界是佛教的理想天国，是佛教极力宣传、影响力最大的佛国净土。佛教宣称，在这片净土上黄金铺满地面，城池、道路、楼宇全用珠宝镶嵌，这里还生活着许多美妙神奇的小鸟，从早到晚响着悠扬的音乐。在这美丽优雅的环境中，人们无任何悲痛和忧愁，人人都可以尽情享受快乐，所以在佛经上称之为“极乐”。西方极乐世界是佛教信众梦寐以求的佳境，并为之执著地修行苦炼。佛经上讲，只要诚心实意地口念“阿弥陀佛”，他就会接引你去西方极乐世界，所以阿弥陀佛又被称为接引佛。

据佛经讲，阿弥陀佛遍体发光，周身金色，两眉之间有一根白色毫毛，向右旋转五圈，眼睛青中带红，很像四道大海。佛光中化现出的佛是无数无量无边的。阿弥陀佛是度脱众生的佛，能给人以成佛的欢愉，除去人生死之苦，佛的教义中给人以欢愉叫慈，解除人的苦难叫悲，所以称大慈大悲。

阿弥陀佛的造型为结跏趺坐，双手相叠置于足上，掌中有一莲台，是接引众生的意思。他的左右胁侍是观世音和大势至菩萨，合称“西方三圣”。阿弥陀佛有时为立像，做接引众生之状（称接引佛像），右手下垂，做与愿印，左手当胸，掌中有金莲台。

药师佛

药师佛，全称为药师琉璃光如来佛，又称大医王佛，是东方净琉璃世界的教主。药师佛同阿弥陀佛和释迦佛称为三方佛，也叫横三世佛，是按地域来划分的。被称为三世佛的燃灯佛、释迦佛和弥勒佛又称竖三世佛，是按时间划分的。

药师佛所在的东方净琉璃世界，是又一个佛教的净土乐园。药师佛曾发过十二道大愿，使净琉璃世界的众生解脱一切苦难，丰衣足食，无病无灾，身心安乐。药师佛的左右胁侍为日光菩萨和月光菩萨，合称“东方三圣”或称“药师三尊”。

药师佛的造型是结珈趺坐，左手持钵，表示甘露；右手捻一药丸，表示能帮人消灾解病，使众生

清代铜鎏金药师佛像

健康安乐。据说，恭敬供奉药师佛时只要口诵“南无药师琉璃光如来”，就能百病皆消。

千百年来，由于人们尤其是底层劳苦大众渴望安乐无患，企望佛陀显灵能消除病痛，所以十分崇敬药师佛，所以信徒众多。药师佛除同释迦佛和阿弥陀佛并立之外，常有自己的“药王殿”、“药师殿”，单独享受人间香火。独尊、小型、供家居供奉的药师佛造像也时有所见，收藏鉴赏者应留意。

毗卢遮那佛

毗卢遮那，是梵文音译，意思是“光明普照”，所以又称“大日如来”。毗卢遮那佛在大乘佛教的三身佛中是法身佛，释迦佛则为应身佛，卢舍那佛是报身佛，他们都是释迦牟尼佛的不同现身。所谓“法身”，就是“显法合身”，是释迦的另一种佛身，表示世间绝对真理就是佛身。

密宗把毗卢遮那佛奉为主要偶像，在五方佛中位居中尊，即为首的佛陀。其他四方佛有：南方宝生佛，住在南方欢喜世界，表示福德；东方阿閦佛，住在东方妙喜世界，表示觉性；北方不空成就佛，住在北方莲华世界，表示事业；西方阿弥陀佛，住在西方极乐世界，表示智慧。

卢舍那佛

卢舍那佛又称“净满”，是三身佛中的报身佛，表示证得绝对真理而获得佛果，是佛的智慧现身。

卢舍那佛造像多为结跏趺坐像，面容丰满慈祥，长目微垂，嘴角微翘，流露出对世间百态的关注和智慧的光芒。

菩萨像

菩萨像，是繁多佛像中最为常见的造型。佛界的菩萨众多，每位菩萨又会有不同的化身，所以菩萨像造型千姿百态，最难鉴识区分，鉴赏时应认真观察。菩萨造像主要有：

观音菩萨

观音菩萨，又称观世音菩萨，全称是：大慈大悲救苦救难灵感观世音菩萨。唐代因避唐太宗李世民名讳，略“世”字，简称“观音”。“菩萨”在佛国的神格仅次于佛，又称“大士”。

观音菩萨是佛国众菩萨中的第一菩萨，有32个化身，最受中国信众欢迎的是女性菩萨化身，在女性信众中的地位甚至高过释迦佛。女相观音菩萨始于南北朝时期，之所以称之为“观世音”，据说是世人在受苦受难时，只

清代青铜观世音菩萨像

要念诵观音名号，这位菩萨就会感知和察觉，便立刻前往解救，中国古典小说《西游记》中多有表现，“观世音”之名就显示了这位菩萨大慈大悲的心情和无边的法力。

佛教中所谓“慈”是指“与乐”，“悲”是“拔苦”。所谓“与乐”，是说佛爱护众生，并给众生以欢乐；所谓“拔苦”，是说佛怜悯众生，并为众生拔除苦难。“大慈大悲”就是说能拔除众生的一切苦难，给予众生无限的欢乐。菩萨不分贵贱，无论善恶，救苦救难，有求必应，即所谓菩萨心肠，因而深受世俗的欢迎，绝不低于对如来佛的崇拜。因此，观音造像是最为多见的。典型造像是大雄殿后面坐南面北的倒坐观音像。造像特征通常为宝冠上饰坐佛，手持净水瓶或者莲花枝。观音造像唐朝以前为男像，唐以后则多为女像。密宗观音常见形象有十一面观音，宝冠作十一面相，以及千手千眼观音、如意轮观音、水月观音、日月观音、自在观音等。

观音造像形式多样，有六观音、七观音、三十三观音等说法。中国的寺庙以观音寺庙为最多，甚至一些道观都供有观音菩萨像。过去一些信奉观音的官宦之家，以及穷苦百姓也多供奉观音像，逐渐形成了有中国特色的观音菩萨文化。观音的金、铜、石、瓷、木造像等多种多样，历朝历代都有许多造像存世，近年来仿造的各种观音像数量巨大，收藏时应小心鉴别。

文殊菩萨

文殊菩萨，全称文殊师利菩萨，佛学的意译是“妙德”、“妙吉祥”，盛赞文殊的大智。一说文殊本来是佛，为帮助释迦佛教化众生而显菩萨身。在寺庙中一般胁侍在释迦之左为立像，有时又作为三大士像在正殿佛祖像后，坐南向北，顶结五髻，骑着狮子，表示智慧威猛。文殊就是又一中国化的菩萨，据说他游历到五台山时住下，为众生说法，五台山成了文殊显圣的道场，至今五台山还有为收藏文殊显圣时所留头发而建的发塔。

普贤菩萨

普贤菩萨同文殊菩萨是释迦佛的左右胁侍，文殊居左，普贤居右，他的职责是将佛门的“善”普及到所有的地域。

普贤菩萨造像形象庄严，或为立像（胁侍时），或为跏趺坐像，乘坐六牙白象，手持如意。普贤所乘六牙象，佛教称是菩萨化身，以表感灵，象征“愿行广大，功德圆满”之意。普贤的道场是四川峨嵋山，这里昼显“佛光”，夜闪“圣灯”，普贤显相在这里，化度众生。

地藏菩萨

地藏菩萨，又称地藏王菩萨。佛教盛赞文殊菩萨的大智，普贤菩萨的大行，观音菩萨的大悲，地藏菩萨的大愿，这四位菩萨被称之为“四大菩萨”。佛教说：地藏菩萨受释迦嘱托，在现在佛释迦寂灭之后、未来佛弥勒下世之前，担起教化六道众生、拯救诸苦之责。地藏王又受释迦之命为幽冥教主，管理阴间事务，因此在广大僧众心中的地位极高，其造像也比较多见。其形象为身披袈裟、挂璎珞、头戴宝冠、手持锡杖和宝珠，呈菩萨或沙门造型。相传其显圣说法的道场在安徽九华山。

大势至菩萨

大势至菩萨又称无边光识身菩萨，以智慧之光普照万物，使众生得以解脱，得到无止境之大力，所以称之为大势至。

大势至是阿弥陀佛的右胁侍，与阿弥陀佛及左胁侍观音菩萨合称“西方三圣”。大势至造型同观音大体相似，往往头上戴宝冠，冠上置一宝瓶，其意为盛诸光明、普现佛法，或与观音同为立侍像，或呈跏趺坐像，手中往往持莲花或法器。

比丘像

在纷繁众多的佛像造型中，凡身披僧衣、头发已剃度的出家人的形象都是比丘像。其中主要是罗汉、

清代铜鎏金藏传佛教罗汉像

祖师和弟子等。

罗汉像

罗汉，全称阿罗汉。罗汉是佛教修行的果位。在小乘佛教中，修行达到的最高果位是罗汉。在大乘佛教中为第三果位，第一是佛，第二是菩萨。在寺庙正殿的两侧，一般有18尊神态各异的出家人打扮的佛像，这就是十八罗汉像。

罗汉是侍佛，为承宣佛法的神。佛教说：获得罗汉果位的神永不涅槃，常住人间，弘扬佛法，受世人供养，为众生做福田。十八罗汉本为十六罗汉，是释迦的弟子，称之为尊者。十六罗汉为突火卢、迦诺迦伐蹉、迦诺迦跋厘惰、苏频陀、诺巨罗、跋陀罗、迦理迦、舍罗弗多罗、戍博迦、半托迦、罗怙罗、那迦犀那、因揭陀、伐那婆期、阿氏多、注荼半托迦尊者，再加上难提密多罗和摩拿罗多，合称十八罗汉。罗汉数目很多，有二十四罗汉和五百罗汉之说，中国一些庙宇中建有五百罗汉造像群。

罗汉造像的特点是：形象为一般出家人打扮，光头无肉髻，身披袈裟或着大领僧衣，脚上有鞋。其形象各异，有老有少，有美有丑，有夸张造型，也有写实造型。

十大弟子像

十大弟子像是释迦牟尼佛最出色的十位门徒弟子的塑像，分别为：大迦叶、阿那律、富楼那、迦旃延、优婆离、罗喉罗、舍利弗、目犍连、阿难、须菩提，他们都是尊者，也都是罗汉。这10尊造像各具特点，据说其行为、性格及学识也各有特征。常见的造像为迦叶和阿难，其中一个年长，一个年少，倚立佛两旁，分别是印度人、中国人的体貌。两人的造像多用夸张对比方法，充分表现每个人的神态和性格的不同特征。

迦叶是释迦弟子中定力最高的尊者，后称之为“初祖”。阿难是释迦堂弟，后受佛感化，成为十大弟子之一，侍奉佛陀左右，有多闻之誉，听佛法最久最多，后世称之为“二祖”。

祖师像

在佛教中不论罗汉、弟子还是祖师，并没有严格的等级区别，那些承宣佛法的人，在造型上都是比丘相，都可以修到罗汉的果位。

禅宗最重视祖师世系，认为有33代祖师，从迦叶始，止于慧能大师。前十位祖师是：初祖迦叶、二祖阿难、三祖商那和修、四祖忧婆毬多、五组提多迦、六祖弥遮迦、七祖婆须密多、八祖佛驮难提、九祖伏驮密多、十祖胁。

祖师造像多为身披僧衣、头上无发的比丘像，多是端庄的长者形象。

诸神像

常见的神像有梵天、帝释、四大天王以及各种愤怒神像和护法神像等。

梵天和帝释

梵天和帝释原为印度教主神，在佛教中是护法神的形象，为八大天王之一。在汉传佛教中，梵天和帝释作为守护神护卫在佛的左右。梵天的造型是手持白拂，护持在佛的右边；帝释手持金刚杵，护卫在左侧或守护在寺院的旁门。宋元时期均为贵人像，梵天有时呈汉化的帝王像。在藏传佛教中，梵天多骑在鹅上，帝释很少见。

四大天王

四大天王，又称护世四天王、四大金刚，是佛国的护法神，护卫须弥山的东南西北四方。他们是：护持东胜神洲的东方持国天王多罗吒，身披白甲，手持琵琶；护持南瞻部洲的南方增长天王毗琉璃，身穿青色甲胄，手握宝剑；护持西牛贺洲的西方广目天王毗留博叉，身披朱红甲，手上缠一龙（或蛇）；护持北俱卢洲的北方多闻天王毗沙门，身披绿甲，右手持宝伞，左手握银鼠。

四大天王造像寺庙中多有供奉，天王殿中必有四大天王。因时代、地域不同，四大天王造像有一些差异。藏传佛教的四大天王亦着汉装，但面相为深目、高鼻、多须的西域壮士形象。其中的多闻天王因又是管财宝之神，备受尊崇，往往单尊供奉。藏传佛教的多闻天王像，身为黄色，骑狮、持伞，手中抱鼠，鼠口吐宝珠。

韦驮

韦驮又叫韦驮天，是佛教护法神，为南方增长天王手下八将之一。呈身披甲胄的武士形象，常位于天王殿后门，被视为寺院的保护神。

韦驮造像一般有两种姿势，一种为双手合十像，横杵腕上，笔直站姿；另一种是一手插腰，一手握杵拄地造型。双手合十，表示对来寺的僧俗客人的欢迎；而拄地像，则表示该寺院不接待来客。

大自在天

大自在天，又称摩醯首罗天王，最早为印度教主神之一，后来成为佛教护法神，成为三千大千世界之主，为二十四诸天之一。其造像为多面多臂骑牛的武士形象。

“天”是“神”的别称，大自在天，就是大自在神。佛教中有二十四诸天，是佛的二十四个护法神。有：大梵天王、帝释尊天、多闻天王、持国天王、增长天王、广目天王、金刚密迹、大自在天、散脂大将、才辫才天、大功德天、韦驮天、坚牢地神、菩提树神、鬼子因神、摩利支天、日宫天子、月宫天子、婆竭龙王、阎摩罗王、紧那罗王、紫微大帝、东岳大帝、雷公天神等。诸天像一般都供在大雄宝殿东西两侧，司职护法。

摩利支天和鬼子母

摩利支天和鬼子母是两位著名女神。

摩利支天的造像与猪关系密切，有三种造型：一是一身三头像，正面和一侧面为人头，另一侧面为猪头；二是手持铃和绳索骑在猪身上的女神像；三是坐在七头猪所拉车上的女神坐像。

鬼子母在佛经中原为恶鬼，后受释迦教化而改恶从善，中国民间视其为送子观音。造像多塑成簇拥幼童的贵妇人像。

愤怒神像

佛像造型是人性化的，凡是和常人一样的造型，称之为“法身”像。

按照密宗教理，无论佛陀还是菩萨，为了护法除恶而化身。这些造像往往为多面、多臂、表情凶恶的形象，称之为愤怒神像。

常见的愤怒神像有五大明王，他们是：不动明王、降三世明王、军荼利明王、大威德明王、金刚夜叉明王。这些愤怒神形象各异，都具有威严、愤怒的形象。如不动明王，造型是右手持慧刀，左手拿绢索，呈叉立姿势。又如大威德明王，呈牛头，多头、多臂又多足，各面部都呈愤怒相，只有最顶部的佛头为寂静的阿弥陀佛相，以表示是阿弥陀佛的化身。

五大明王加上马头明王等，又称之为八大明王，他们的化身分别是：

大轮明王——弥勒菩萨

大威德明王——文殊菩萨

步掷明王——普贤菩萨

降三世明王——金刚手菩萨

大笑明王——虚空藏菩萨

马头明王——观自在菩萨

无能胜明王——地藏菩萨

不动明王——除盖障菩萨

愤怒神造像因教派不同多少有些差异，但由于其造像的特征明显，比较好区分，在识别时要着重注意他们的标识和持物特点。如马头明王逆发中有一个或三个马头，金刚手叉立、袒服，右手高举金刚杵。

欢喜佛

欢喜佛是密宗独有的神。由于密宗即藏传佛教，俗称喇嘛教，其宗教佛事不对外，神秘色彩浓厚，其欢喜佛始终蒙着一层神秘的色彩。又由于欢喜佛及女伴的造型特殊，与汉传佛教的禁欲思想及中国封建礼教相抵触，人们一般对此不置可否。

清代铜鎏金欢喜佛像

实际上，欢喜佛是源于古印度教的性力思想的造型艺术，而不是宣扬纵欲。欢喜佛有寂静相，但愤怒像较多。男相主要有时轮金刚、大威德金刚、胜乐金刚、喜金刚等。女伴为空行母、明妃、佛母等。常见的佛母，以狮面佛母最有名，藏语名“森多玛”，为女性护法神，此外还有熊面、虎面空行母。

显宗佛像多为说教像，而密宗佛像多为寓言像，从这一角度可以认识欢喜佛的含义。如大威德金刚，形象凶恶，有九头（正中为牛头），头戴骷髅冠，有36只手和36条腿。但每个头上都有一个慈祥、严肃的阿弥陀佛像。他象征勇猛的神力，可以震慑危害佛教的邪魔，表现出大愤怒、大无畏、无往而不胜的气魄。怀抱的、脚踏的裸女，不是亲昵合欢，而是解脱生死和烦恼，而获得了无比自由、无比自在的欢喜。

欢喜佛，是密宗护法像中大勇猛、大威力的象征。

其他神怪佛

在佛界中，很多神怪佛也有常见佛像造型，是指除如来、菩萨、比丘及各种护法神和愤怒神以外的有利于弘扬佛法的艺术造像。主要有民间的神怪、各种供养人、长寿老人、施主，以及西藏当地的神和各种吉祥动物等造像。其中最有特点的是供养人像。

供养人像就是为雕造佛像提供资金的世俗人的造像。供养人在出资雕造佛像之后，为了宣扬自己的“功德”，往往也为自己造一尊像，或者将自己的形象入画，一起供奉，供养人像最早出现在唐代。由于供养人像很少佛教意涵，为世俗形象，往往雕刻精美、造型自然，有很高的艺术和鉴赏价值。近现代也有不少仿品出现，应引起重视。

由于佛教的教派差异，也由于时代和地域等多方面原因，天部诸神的造像最为复杂难辨，这不仅需要丰富的佛学知识，也需要长年的鉴赏实践，必要时也可借助有关权威资料来识别。

佛的名称和意义

六祖佛

佛教认为在释迦牟尼前还有六佛，称为六祖佛，按出世的顺序为：毗婆尸佛、尸弃佛、毗舍婆佛、拘楼孙佛、拘那舍佛、迦叶佛。六祖佛加上释迦牟尼佛，合称“过去七佛”，为历代祖师。其中释迦牟尼是辈份最低的佛，毗婆尸佛为最尊，他同尸弃佛和毗舍婆佛是过去劫中出世的，余者皆为现在劫中出世的。

卧佛

卧佛是释迦牟尼佛的涅槃相，在一些寺庙中时有所见。佛祖涅槃时，右臂曲肘、以手托头，头西、面南，双目微合、和衣而卧、双腿直伸，左手平放腿上，神态安详。

佛陀的涅槃，不是人世间所认为的死亡，而是对生死、悲欢、贵贱等情缘的彻底断灭，从而达到修行的最高境界。

金刚萨埵

金刚萨埵，又叫金刚心菩萨，在密宗中地位极高。金刚心菩萨法为密宗基本之法、父修之法。

金刚萨埵造型为通身白色，以各种珍宝遍饰其身，头戴五佛冠，右手做愤怒印持金刚杵于心际，左手亦做愤怒印持金刚铃于左腿，坐八叶莲花月轮座。

莲华生大士

莲华生大士为西藏密宗的创始人，深受西藏信众的崇敬，藏密的男性信众大多以此为本尊（女性多以绿度母为本尊），认为修莲花大士本尊法能祛病消灾，延年益寿，功德无量。

莲华生大士造型为着粉红色衣，头戴宝冠，右手执杵，左手持三叉杖，趺坐在莲花月轮之上。

准提佛母

准提佛母，亦称准提菩萨，为莲花部诸尊之母，准提是清净无比之意。

准提佛母的形象特点是具有3只眼睛和18只手。其造型是头戴宝冠（冠中有一化佛），臂饰璎珞，三目微睁，有四只手在胸前做施无畏印或根本印，其余各手臂各执宝器布于身体四周，趺坐在莲花宝座上。

菩提达摩

菩提达摩，一般简称为达摩，原名为菩萨多罗，是南天竺香至国国王第三子。达摩为中国佛教禅宗的创始人，被禅宗尊为第二十八世祖师。

达摩在梁武帝时来到中国传教，后来在河南嵩山少林寺修行，据传他在少林寺后山石洞中曾面壁九年，少林寺至今仍存留有“面壁石”。达摩提倡“禅定静虑”、“见性成佛”，这种顿悟成佛的方法，称为禅学。

杨柳观音

观音为了教化不同层次、不同处境的众生，常常化现不同的身份和形象，共有三十三种，称三十三身，杨柳观音名列第一。观音的三十三化身是：

杨柳观音、龙头观音、持经观音、园光观音、游戏观音、白衣观音、莲卧观音、滲见观音、施药观音、鱼篮观音、德王观音、水月观音、一叶观音、青颈观音、威德观音、延命观音、众宝观音、岩头观音、能静观音、阿耨观音、阿公提观音、叶衣观音、琉璃观音、多罗尊观音、蛤蜊观音、六时观音、普慈观音、马郎妇观音、合掌观音、一如观音、不二观音、持莲观音、洒水观音。

衣叉天王

衣叉是梵文的译音，音译是“能啖鬼”、“勇健”。在天部中有许多衣叉，主要有地衣叉、飞行夜叉、虚空夜叉和巡海夜叉等，他们的主要职责是保护众生。佛教说共有16位大夜叉，每位大夜叉统率7000个小夜叉，合起来有十多万之众。夜叉的对手是罗刹。罗刹是妖魔，吃人肉、喝人血，无恶不作，形同鬼怪魑魅。罗刹女则为妖艳娇丽的形象，为害更甚。有六罗刹女、八罗刹女、五百罗刹女之说。

愤怒金刚

愤怒金刚，是西藏白教“六成就法”的佛像，为藏传佛教的重要神像。此类佛像面相多为极度愤怒恐怖之相，身披甲胄，往往右手高举金刚杵于头顶做挥舞状，左手当胸做降伏印姿势态，一足蹯曲，一足平伸，或呈立像，或呈坐像，为驱鬼降妖、时刻准备投入战斗的形象，随时准备护卫众生。

密宗“六成就法”修行与本尊有关，即修行者选一佛作为本尊，修行时心中有该佛，修行者本人就是该佛，并同该佛融合为一体。

天龙八部

天龙八部，是佛教八大护法神，又称“龙神八部”或“八部众”。天龙八部的护法神数量很多，有天众、龙众、夜叉、乾闼婆、迦楼罗、紧那罗、阿修罗、摩睺罗迦八大部众，其中以天众和龙众最为显赫重要。

天众为天部主要护法神，其中大梵天、帝释天、二十四天王、韦驮、阎王等为代表的护法二十四诸天都是天众的部众成员。龙众主要指能兴风降雨的龙王们。

药王菩萨

药王菩萨和药上王菩萨是兄弟，二人受佛的教化，尝尽人间百草，为众生送药治病而得到菩萨的果位。两兄弟有时为女妆形象，或抱草药，或手执药葫芦，为民众消灾祛病，备受民众崇敬。

鬼王

鬼王是地狱之神，有恶目鬼王、啖血鬼王、啖胎卵鬼王、啖精气鬼王、行病鬼王、摄毒鬼王、福利鬼王、慈化鬼王、大爱敬鬼王等。其中一些鬼王形象可怖，专门吃人肉、吸人血，投毒、传播疾病。如恶目鬼王，眼睛又大又凶，令人见之毛骨悚然。有些鬼王专门行善，给人福利，并保护孩童。如大爱敬鬼王，对民众呵护又尊敬。

千手千眼观音

千手千眼观音，简称“千手观音”，是密宗的六观音之一。千手千眼观音的造型一般是：除正常人形的两眼两手外，其左右又各长出20只手，每手掌中又各长一眼，共多长40只手和40只眼。按佛教说法，三界中有25种生存境界，即所谓“二十五有”，用25与上述40相乘，则会有千手千眼之数，表示能普护众生，遍观世间，有法力无边之意。

明代铜鎏金十一面千手观音像

千手自在菩萨

千手自在菩萨形象为生有三只眼，臂长千只手，千只手的手掌又各长一眼，表示观音菩萨愿力宏大，能普度众生，能为众生解除世间一切苦难。

千手自在菩萨造型一般是头戴宝冠，冠上有化佛，有18支大手臂，其中二手当胸合掌，二手于脐部右压右仰掌，其余各手或执法器或为施甘露、施宝雨等动作造型，其余982手亦各执种种宝器。

送子观音

送子观音佛像在民间比较常见，但佛教中并没有送子观音的说法，在观音的三十三应身中也没有送子观音，它是中国民间自创的神佛形象，也是中国古代社会“不孝有三，无后为大”的封建伦理道德同佛教文化融合的产物。

据说不孕妇女或难产妇人，只要诚心默祷观音便能得到观音的帮助，能如所愿生得贵子。送子观音造型较多，有立像也有坐像，有怀抱婴儿的，也有手领童子的。送子观音像是中国观音文化的体现。

善财童子

善财童子是观音的左胁侍，简称善财，是菩萨果位。据说善财出生时可获得无数的奇珍异宝，但他不爱财，立志要修行成佛。他执著修行，历尽千难万苦，最后感动了普贤菩萨，最终获得果位，成了观音的胁侍。

善财童子是拜佛修行者的楷模，他激励广大信众，只要一心向佛、苦修苦炼、不屈不挠，一定会修成正果。

龙女

龙女是观音的右胁侍，一般同善财童子分立于观音两胁，是侍奉观音并帮助观音教化和解救扶助众生的助手。

龙女是二十诸天之一的娑竭罗的女儿，从小立志修行，她力排众议，舍身向佛，最后受到佛的认可，到南方无垢世界修行，迅速修成正果。

降三世明王

降三世明王，是密宗的五大明王愤怒神像之一，外表具有密宗护法神多面、多臂，表情凶恶的特征。

降三世明王的造型为三头六臂，手执宝剑、法绳等法器，其中主要的一对手臂结兵器的手印，往往脚踩色魔，表示除恶降魔的威力，为护法将摧毁一切顽敌，克服一切艰难险阻。

四臂白观音

四臂白观音是密宗常见的观音造像之一，为西藏密宗大圣者檀汤嘎尔波所传。据说在潜心修习《观音观想修法》时，四臂白观音就会坐在莲花上出现，并入学者顶窍，同学者融为一体，学者就是观音，只要口念“唵嘛呢叭咪吽”，就能达到一定境界。

四臂白观音造像为头戴宝冠，两手合于胸前，另外两手上举执宝物，趺坐于莲花座上。

不空羂索观音

观音的造型在佛教造像中数量是最多的，不同的宗派有不同的观音形象。如密宗六观音为：圣观音、千手千眼观音、马头观音、十一面观音、三头十八臂观音、六臂如意轮观音。

天台宗六观音：大悲观音、大慈观音、狮子无畏观音、大光普照观音、天人丈夫观音菩萨、大梵深远观音。

天台宗七观音为：圣观音、十一面观音、千手观音、不空羂索观音、马头观音、如意轮观音、准胝观音。

不空羂索观音为天台宗七观音之一，羂索意为观音的慈悲绳索，用其解救众生，无一漏网，所以有不空索之称。

狮子无畏观音

狮子无畏观音，为天台宗六观音之一，其造型一般为观音坐在狮子身上的形象。

药上菩萨

《药师经》说，愿往生两天极乐世界的人意志不坚定者，临命终时有八大菩萨指引西方道路。这八大菩萨是文殊师利菩萨、观世音菩萨、大势至菩萨、无尽意菩萨、宝檀华菩萨、药王菩萨、药上菩萨，弥勒菩萨。

药上菩萨同药王菩萨为同胞兄弟，皆行医问药，口尝世间十多万种药草为众生去疾治病消除痛苦，体现其大慈大悲的胸怀。

摩诃迦罗

摩诃迦罗，亦称大黑天，藏传佛教寺院多奉其造像。造型为身肤黑色，面呈极愤怒形，头发竖立，三面六臂。正面脸为三只眼睛，左右侧面为二目。前面左右手执宝剑，左下手持白羊角，右上手握长跪合掌人的头发；左右上手持一象皮披于肩后，以骷髅为璎珞，以蛇为臂剑，坐于圆形台座之上。

虚空藏菩萨

虚空藏菩萨，一般简称虚空菩萨。虚空藏菩萨是以虚空而悟得性空，成为无边无际的性空法身，可仍意修行佛事，以进入无处无生的境界。

文殊师利菩萨、虚空藏菩萨、观世音菩萨、救脱菩萨、陀和菩萨、大势至菩萨、得在势菩萨、坚勇菩萨是八大菩萨的又一说法，在《七佛八菩萨经》上说这八大菩萨能解脱众生现世之苦难。

普贤菩萨

普贤菩萨又称普现，意为一切普遍显现的意思。大乘菩萨修行法认为，

首先应熟读普贤行愿品，再领悟普贤大十行愿，构成意境上的境界，从而形成妙有实相。

《大菩萨曼荼罗经》说，观世音菩萨、弥勒菩萨、虚空藏菩萨、普贤菩萨、金刚手菩萨、妙吉祥菩萨、除盖障、地藏菩萨为八大菩萨。我们常说的八大菩萨多依此经之说。普贤菩萨的造像庄严，乘坐六牙白象，衣披帕巾，胸戴璎珞，头上有化佛像，着长裙，和一般的观世音造像很相近。

度母

清代铜鎏金绿度母像

度母又称救难母、多罗母等，是藏传佛教敬奉的重要神佛。在西藏，人们把度母视为观音救苦救难的本尊，尤其受到西藏女性信众的敬奉，为女性信众的本尊佛，其敬奉程度甚至高于汉传佛教的女性对观音的敬奉。度母有二十一相，其中以白度母和绿度母最为常见。在藏传佛教造像中，度母像较为多见。

圣观音

观音有许多形象，圣观音是密宗观音的主要形象。一般在观音殿里供奉的多为圣观音像，圣观音像的造型为一首二臂，为本身尊严像。圣观音一般结跏趺姿势坐像，手持莲花或结定印造型。圣观音也称为正观音，为了在形象上区别其他形态的观音形象，而特称本身的观音时，才称之为圣观音。

自在观音

自在观音造像在民间供奉的独尊佛像中比较常见。自在观音像的造型为一足盘膝、一足下垂，形象比较自然亲切。像旁有一净瓶，瓶中装满甘露，瓶中插一柳条，象征着观音大慈大悲，把甘露遍洒人间，解救苦难众生。自在观音旁胁侍童男童女各一人，童男为善财童子，童女为龙女。

十一面观音

十一面观音为藏传佛教密宗的另外一个观音形象，称大光普照观音。十一面观音有各种面像：一为瞋面，表示化恶有性；二为慈面，表示化善有情；三为寂面，表示化导出世和净世。密宗认为这三种面相教化三界便有九面。此外，在九面之上又有一笑面，表示出极大威严和极大意乐的成就。另外在造型上又有一佛面，则共为十一面，表示这一切都是成佛之方面。

中国古代佛教造像的特征鉴识

中国佛教造像是随着佛教在中国的传播而产生和发展起来的一门独特的造型艺术。佛教造像艺术在中国的演化、融合，是一个逐渐汉化的过程，从而形成了具有中国特色的艺术风格。由于中国各个历史阶段的政治环境、生产力水平、文化背景差异很大，佛教造像艺术必然打上鲜明的时代烙印，显示出不同的艺术特征。收藏者研究和掌握不同历史阶段的佛教造像艺术特征，对于提高佛教造像的鉴赏水平，是十分重要的必修课，尤其是对于提高古代佛像真品和赝品的辨认能力，是不可或缺的一环。

魏晋南北朝时期佛教造像的特征鉴识

两汉时期，佛教开始传入中国。东汉时著名的永平求法和白马驮经的事迹，是中国佛教发展史上的重要里程碑。它是佛教在中国开始传播的标志，也是佛教造像艺术开始走进中国民众社会生活的标志。

佛教在传入中国之前，已经是一个成熟的宗教，其繁浩的经典、严谨的教义，尤其是以佛教造像为崇拜标志的宗教活动，对人们社会生活的影响是巨大的。从佛教刚刚传入中国时的汉代，上层官吏和僧众等就开始制作佛像。这一时期的佛像制作工艺简单，限于那一时期的雕刻技法，艺术水平也不高，其造型基本为印度犍陀罗艺术风格。其特点是：多为古印度人形象，或脸呈长方形，深目高鼻，波浪式发纹。犍陀罗佛像背光，其上的纹饰比较简单，一般只有少数花纹装饰，多为素面无纹或刻有莲花等纹饰，即所谓“梵僧”。这一时期的佛像都为外来的崇拜品，由印度通过丝绸之路进入中国内地，是中国佛教传播初期占主导地位的佛像造型样式。

佛教造像艺术东汉时期传入中国，由于诸多的历史原因，其发展进程十分缓慢，只是到十六国时期才出现了作为供养朝拜的单尊佛像，一直到南北朝时期才出现繁盛的局面，形成了中国佛教史上佛教造像的第一次高潮。

魏晋时期佛教造像

魏晋时期佛像的艺术成果主要出现在十六国。十六国是西晋末年北方五个少数民族匈奴、鲜卑、羯、氐、羌于304~439年间相继建立的十六个独立的小政权，史称五胡十六国。其活动范围大致在黄河中上游地区。由于这里是丝绸之路的必经之地，也是佛教传入我国的主要通道，再加上这些政权的统治者大多崇信佛教，以使魏晋时期的佛教兴旺繁盛。这一时期，传世或出土的佛像基本上都是十六国的。

佛教自东汉传入中国之后，就出现了供奉的佛像，在汉墓出土文物中就多次发现早期佛像。但是，作为单尊以礼拜供养之用的佛像，尤其是有明确纪年的最早佛像，都出于十六国，这已是佛学研究界的共识。

目前流传下来的十六国时期佛像，整体保存下来的不多，多数残缺不全。从残缺的十六国佛像上看，都有榫卯、沟槽或其他可供接插的结构，由此可知那个时期的佛像佛身与台座、背光等为分件铸制，然后套接而成。由于年代久远，配件基本失散，除少数完整者外，多有不同程度残缺。

十六国时期的佛像虽为早期佛像，但其雕塑具有较高的水平，时代特征已十分明显。从发式上看，这一时期的佛发多为磨光肉髻形式，即佛的发式为束发形高肉髻，没有发绺，中间呈大圆珠样肉髻，光亮无纹，发纹刻痕明显不多。这种发式，既不同于秣菟罗的右螺旋状发髻，也不同于犍陀罗的波浪形或涡卷形，并一直流行到唐初。

从五官轮廓上看，十六国时期佛像额头较宽，鼻子肥大，大眼横长，很少见到犍陀罗高鼻深目式样的印度佛像造型。我们可以得出结论，这时的佛像造型已开始汉化。从服饰上看，基本为印度犍陀罗式样，佛身着无领通肩式大衣，通肩大衣从两肩搭过时，自然形成褶纹形效果。某些小型造像往往把这种褶纹处理成圆状领，有的还刻有连珠花纹。这一时期服饰上的衣纹刻画已较为深刻，极富立体感和写实性。衣纹的曲线自然得体，皱褶写实，以前襟和两臂部位最为细致。而小件佛像衣纹比较简单，其背后衣纹更有些似是而非。这时的服饰衣纹有图案化和程式化的趋势，对后世佛像造型也有一定的影响。这一时期衣纹图案化，多呈U形对称状花纹，只有少数佛像所穿印度犍陀罗袒右肩或通肩式大衣上的衣纹为从左向右倾斜刻画。

这一时期佛像造型多呈坐禅形象。十六国时期北方坐禅之风盛行，这对佛像造型影响颇大。尤其是一些小型个人供奉的造像，几乎全为禅定佛坐像。这种小型佛像往往双腿盘坐，两手拱于腹前，手心向内合在一起，做禅定状，一般没有规范划一的禅定印。晚期的个别造像有双手重叠做禅定印的造型。

佛像台座多为四足。犍陀罗造像多为四方台座，而十六国时的四足台座是汉化了的具有中国特色的宝座形式，这可能是深受魏晋时期文人雅士在四足床榻上的生活方式感染启发。台座式样对后世影响不小，尤其是盛唐以前的小型佛像比较多见。这种台座的纹饰多为云气纹，两旁往往有两个狮子雕像，中间又多饰浮雕水瓶，瓶内插花，或为汉式博山炉，炉旁又往往有供养人像。

由于十六国时佛像的时代特征明显，相对于近年来所出现的赝品比较好鉴别，其特征可归纳为：

佛像发式为发绺式和磨光式高肉髻，发绺式肉髻发纹细致，磨光式肉髻无发纹，多为小型坐像；面相为宽额、方鼻、大眼，目光平静，大像有胡须；服饰为通肩大衣，衣纹呈对称性，纹路深刻，两臂部衣纹层次感强；双手为禅定印，结跏趺坐但往往不塑双脚。

佛像的台座多为四方台型，背光多为同心圆形，像后往往有圆形伞盖。

坐像身高一般为5~10厘米，材质多为青铜，鎏金铜佛色泽呈深黄，佛身底部空洞，往往同背光、台座等套装为一整体。

十六国时期金铜立像佛的发式为磨光肉髻，面相圆润且有短胡须，面部表情平静，高鼻梁，眼阔，目光平视。服饰为通肩式大衣，衣纹为U形呈对称性。左手持衣角，右手做施无畏印，立于覆钵形圆莲座之上，莲座上的装饰一般为素面无纹大莲瓣。

南北朝时期佛教造像

南北朝时，佛经已有大量中文译本问世，印度佛教各派经典已基本传入中国，并同中国当时占主导地位的玄学思想融合，形成一种社会趋势，佛学教理被越来越多的士大夫所接受。这一时期佛教盛行，佛教在社会各个阶层中被广泛信奉，尤其是得到了统治阶级大力推崇，其社会地位显著提升，佛教得到了广泛传播。在这样的社会氛围下，产生了个人供奉佛教造像的大量需求，这就大大促进了佛像的生产。同时，以国家和社会的力量营造石窟的活动也以前所未有的规模发展起来了。这一时期开凿的敦煌莫高窟、大同云

冈石窟、洛阳龙门石窟、天水麦积山石窟等中国著名大型石窟群，其规模之宏伟，雕凿艺术之精湛为后人所赞叹，并成为世界文化的重要遗产。

南北朝时期中国营造石窟规模之宏大，在世界佛教发展史上都是仅有的。这充分说明佛教在当时社会生活中的位置，也反映出人们对佛教造像的需求程度。在佛教造像广泛被人们供奉并大规模生产的基础上，才产生了石窟的大规模营造。大规模的石窟造像艺术又在很大程度上促进了佛教造像艺术的发展。这一切充分证明了南北朝时期佛教被社会广泛信奉和对中国传统文化的巨大影响。

北魏彩绘石佛造像

东魏石雕佛像

南北朝时，人们狂热地信奉佛教，佛教的影响几乎遍及社会生活的方方面面。这一时期制作了大量铜铸佛，特别是小型的鎏金铜铸像，还有木雕佛像以及夹苎漆佛像等，以满足供养的需要。

这一时期，朝代更迭频仍，社会的政治、经济、文化波动也异常剧烈。这是印度佛教造像艺术中国化、民族化的重要历史转变时期。所以，南北朝虽历时短暂,但佛教造像艺术发展的规模和速度，是令人惊叹和备受关注的。

南北朝时期，无论南朝北朝佛教都相当强盛，各地庙宇繁多。但南朝的佛像传世作品十分稀少，真有如凤毛麟角，所以对这一时期的佛教造像的鉴赏应以北朝为主。从另一角度讲，南北朝的佛像造型风格和艺术特征，主要是针对北朝而言的。南朝同北朝之间，虽有民族、文化和地域等方面的差异，但由于同处一个时代，其佛像造型的艺术风格仍非常一致，有其共同性。从少量的南朝传世佛像上看，两者确实是同多异少，所以北朝佛像艺术风格可以作为这一时期佛像造型的共同特征。

从386年北魏建立，到581年隋统一中国，北朝历经北魏、东魏、西魏、北齐、北周，历时二百余年。这一时期是中国古代佛像造型变化最为剧烈、最为丰富的时期，当时佛教造像的艺术风格不断发展变化是其主流。所以，了解和掌握这一历史时期不同阶段的佛像造型风格和艺术特征，对于提高古代佛像鉴别水平是不可缺少的一个环节。

北魏时期的佛像可分为前期和后期（以494年迁都为界）两个阶段。

北魏前期佛像不可避免地具有十六国时的风貌和痕迹。这一时期佛的造像，其发式有十六国时汉化的磨光肉髻式和发绺式，也有印度的涡卷式和水波纹等式样。脸型方圆适度，佛的服饰有通肩式和袒右肩式两种，显著特点为：通肩式大衣，盖在两肩；袒肩式，袒露右肩和右胸。下身着裙，服饰薄衣贴体，褶纹繁复，衣纹线条呈隆起效果，其中刻有阴线。

菩萨造型为头挽高髻，多戴宝冠，两边飘有缯带。服饰多为肩搭帔帛，一直垂到膝部或袒上身，两臂执钏，下着羊肠大裙。

北齐彩绘释迦牟尼像

早期北魏的佛教造像衣纹主要有三种表现技法，或为汉代的阴线刻法，或为一道道的凸起线条，或为直平阶梯式的刻法。早期雕像的艺术风格是豪放大气，刻工雄健。

北魏后期佛像的造型进一步汉化，其时代特征尤为明显。

佛的面部造型为鼻修长高挺，唇薄，表情庄重。发式除前期式样外，开始流行螺发形。服饰也在前期式样基础上加以改动，开始流行南朝士大夫的着装——褒衣博带式大衣，其右领多搭在左手臂之上，衣纹花色图案丰富，大衣内着僧用大裙，裙带多打有结节。

这一时期，菩萨造像虽仍袒上身，但胸前饰物有所增多，所披帔帛和大裙较为宽敞肥大，几乎已完全汉化。

北魏时期佛像的背光，多为大莲瓣形，较为高大，比例合体，庄重威严，火焰纹也较为细瘦。莲座上的莲肉突起形成台面，莲瓣饱满，尖部突起。四足台座多呈梯形，特色明显。

东魏彩绘菩萨像

东魏和西魏时期佛像的造型特征与北魏晚期在形式上大体相似，只是东魏时面相较为丰满，西魏时面相有些清瘦，佛的形象显得飘逸潇洒。这一时期佛教造像已经表现出明显的中国化趋势，在以前汉代传统手法和印度犍陀罗手法的基础之上，注入了中国的传统的民族审美特质，佛像面容由丰满圆润适中变化为瘦削清秀端庄，表情显得无拘无束、潇洒自如。由“秀骨清像”中透露出中国魏晋以来士大夫的审美情趣。佛的服饰由袈裟式的偏衫、改进为方领下垂、褒衣博带式的外衣，这是将印度佛像的通肩衣与中国南方士大夫褒衣博带式的着装汇通而成的。印度佛教“洁身无性”的菩萨在当时中国文化环境中，逐渐演化改造为端秀柔美的女性像，在服饰上也有所变化，汉族妇女的帔帛成为菩萨的常服之一。

这一时期造像衣纹的表现手法，在原有的阴线条与凸起线条的基础之上，又发展创造出直平阶梯式的衣纹，同时还汲取了印度秣菟罗式的凸起极密的线条，用以装饰衣纹。北齐、北周时佛像的造型特征，与东、西魏时期差别不大，其突出特点是服饰的衣纹刻划比较简单，只在领、袖同衣服的交接处有些浅薄的线条，不太重视立体效果。北齐时，佛的面相丰满圆润，五官起伏较小，身材比例匀称，腹部突出，胸部较为平直，多数不刻发纹，只有少数造像刻有较浅的螺发纹。这时的造像有一个突出的特征，造型总体显得扁平，缺乏立体感。

北周时佛像造型突出的特点是，佛像的头较小身子较大，比例不太协调。同时，身材也显得粗笨，面相丰满圆润，额头一般较宽。这时菩萨像的帔帛变得有些宽厚，璎珞珠粒也比较粗大，并在胸前交叉成一环。

这一时期造像的脸型，由东西魏时期的瘦而长又转化成丰满圆润形，但与早期的圆而胖的造型相比也有差异，脸型轮廓显得比较长一些。

另一方面，佛像的服饰特点也有所改变，上身内着“僧祇支”，外着敷搭双肩式的外衣，下着裙，菩萨的花冠与化佛冠上的宝缯向下垂至肩上，帔帛下垂交叉处多数不用环，而变化为一装饰物。

这一时期造像衣纹的线条较前期相比更为稀疏，有的采用阶梯式的衣纹，纹线平直且极浅。有的产生出新的起凸的线条，下部衣纹较少。体现出当时雕刻艺术的新的风尚。

南北朝时期，佛教文化在中国已经扎下了深深的根基，拥有了社会各个阶层的广泛信众，佛法教理不断被人们更深入地理解，佛教造像大量制作和供养。佛教造像开始由印度外来样式向中国民族化造型转变，由西域文化内涵向中国文化精神内涵转变。南北朝时期是中国佛教造像史上的一个重要时期，这一时期书法、绘画艺术也达到很高的境界，反过来促进了佛像的制作水平。南北朝在中国古代佛教造像史上写下光辉的一页。

中国的佛像造型到了北齐、北周时期已经基本定型，后世的佛像造型都是在此基础上发展起来的。因此，在佛像造型艺术研究史上对于这一时期的艺术特点必须认真把握。

南北朝时期佛教造像的品种多为石雕与小型鎏金铜像。这一时期石雕造像主要为两种形式，即造像碑和雕像。

造像碑一般竖立在寺庙或宽阔的公共活动区域，其时代特点是碑身下多雕有基座石，基座四周雕饰着造像主即所谓供养人的纪念题记或供养像以及伎乐等人物故事图案，并且大多在造像碑的周围又雕刻有左右对称、精巧玲珑的佛龛造像。这一时期雕像特点一般有船形背光，下面置有长方形刻石。

南北朝时的小型鎏金铜像体积较小，雕刻精巧，并饰有纹饰精美的背光，上面一般雕满具有很高鉴赏价值的飞天、火焰等纹饰图案。

鉴于南北朝为中国佛教造像制作的辉煌时期，又历史久远，所以这一时期的佛像十分名贵，市场价值极高。也由于这一时期的佛像大多刻有铭文，既容易断代，又利于仿制，因此赝品较多。

隋唐五代时期佛教造像的特征鉴识

隋唐是中国佛像发展的鼎盛时期。这一时期中国的政治、经济、文化科学等诸多方面都得到了空前的发展，呈现全面的繁荣。隋唐时期的统治者认识到了佛教的社会作用，对佛教文化十分重视。他们希望以佛教来规范社会和稳定秩序，以维护皇权的统治地位。

589 年，隋文帝杨坚灭陈，隋统一中国，从此结束了近三百多年南北分治的政治局面，重新建立了统一的多民族的封建中央集权国家。南北文化融为一体，也为唐朝的文化繁荣以及宋明时期中国文化的再度繁荣创造了一定的条件。隋朝历史虽然较短，但它在中国文化史、佛教发展史及佛教造像艺术发展史上都具有重要地位。

隋文帝统一中国以后，大力扶持佛教传播，曾多次下诏命令修建寺院、塑造佛像、优待僧人并组织专人翻译佛经，这些举措对佛教的发展起到了强有力的作用。

开皇元年（581）隋文帝就

唐代铜鎏金佛像

发布诏令：世俗之人，不论贵贱，只要有意向佛都可以自由出家，并按人口比例规定出家人数和建造佛像，并又多次下旨修复并雕造佛像。文帝在位的短短二十余年时间里，修复和建造铜、牙骨、石、檀香木、夹苎等佛像数十多万尊，为日后唐代中国佛造像的繁荣奠定了坚实的基础。

唐代是中国封建社会的鼎盛时期。政治安定，国力强盛的唐王朝以博大的胸襟、自信的气度吸纳各民族优秀的文化。对各种本土文化和外来文化，一视同仁地实行全面开放的政策，出现了文化上的繁荣和百花齐放的局面。中国本土的道教、印度佛教以及其他国家的宗教同在中国传播教义，都得到了一定的发展。在这些宗教中，唐王朝对佛教尤为重视。佛教由于教义的深邃严谨，具有鲜明生动的造像作为供奉的对象，又称之为“像教”，所以在中国拥有最广泛的信众，成为具有主导地位的宗教。

唐代汉白玉佛像

唐朝统治者虽然出于政治需要而大力提倡道教，以道教敬奉的老子为祖先，唐太宗曾多次规定并提倡道先佛后，但总体上讲，唐代实际上执行的是释道二教并重的政策。全国统一后，唐太宗下令在全国各地建立佛寺、道场。他还撰写《圣教序》，亲自推崇宣扬佛法。武则天对佛教更是钟爱有加，在她夺取朝政大权不久就谕令佛教地位在道教之上，鼓励僧人开讲佛经，宏扬佛法，积极支持在全国各地建寺造塔。隋唐是我国佛教发展的鼎盛时期，其发展态势之猛烈，超过历史上任何时期。这一时期出现了一些中国化的汉传佛教宗派如天台宗、法相宗、华严宗、禅宗等。禅宗的特点是不承认有所谓外在的佛存在，认为佛就在心中，人人有佛性，只要认识本心，明心见性，崇尚佛教的人们通过执著地修行都可以顿悟成佛。唐代后期，禅宗逐渐壮大发展成为主要宗派，几乎取代了其他的佛教宗派。这一时期禅学和佛学几乎成了同义词。在中国佛教思想发展史上，禅宗影响极为深远，以至影响到宋明文化思想的理学及以后中国各时期学术思想的发展，甚至远播海外，对周边和亚洲各国影响都是巨大的。

唐代佛教发展和佛学理论都取得了辉煌的成就，佛教著名的玄奘法师西域取经学法，回国后翻译佛学经典，弘扬佛学理论，也极大地促进了佛教在中国的传播发展。这一时期佛像雕塑艺术也达到了前所未有的高峰，称得上是中国佛教造像艺术发展的第二个高潮期。据《新唐书·百工志》记载，唐代非常重视雕塑，这一时期的雕塑艺术十分发达，工艺水平也相当高。朝廷支持设立工部，专门管理全国各地的工匠，同时设专门官署，掌管琢石、陶、土之事，对全国的雕塑、铸铜等的工匠艺人实行统一管理，这一时期在官府掌管的作坊中，雕塑艺术得到飞速的进步和发展，也大大提高了劳动工艺水平。唐代雕塑艺术达到了一定的历史高度，其工艺水平之高令人叹为观止。其中尤以佛教造像为最普遍，工艺水平也是最为精湛的。这一时期，石雕、铜铸、木雕、泥塑、陶塑以及夹苎等各种形式的佛像普遍盛行，数量和质量都达到了相当高的水平，在众多规模不等的庙宇和民间的佛龛中供奉着许许多多各式各样的佛教造像。

隋唐时期的佛教造像，按照艺术风格和造像样式可以分为：

隋和唐初期：隋初至唐高宗弘道元年（581~683）。

盛唐、晚唐五代时期：唐高宗弘道元年至五代末（683~960）。

隋和初唐时期佛教造像

隋朝和初唐的佛教造像是在继承北齐、北周时代造像风格的基础上发展起来的，这一时期的佛教造像艺术为盛唐时期佛教造像的繁荣起到了承前启后的作用。其造型具有明显的时代特征，同北朝后期和盛唐相比有很大的区别。首先来看隋朝佛像的艺术风格。隋朝在中国历史上存续的时间很短，但传世佛像却不少，这一事实足以证明当时佛像的数量之多，造像的规模之大。从传世品看，这一时期佛像的风格多样化，工艺水平优劣不等，同北周造像风格形式上比较接近，其时代特征比较明显。这一时期的佛像一般都是头大身小，上身长下身短，整个躯体显得饱满。佛像头部特征是肉髻平缓，面部丰满。菩萨的璎珞颗粒粗大，下垂过膝部。造型都较为呆板，缺乏灵动的意韵。

初唐的造像基本保留隋代特点：佛和菩萨面容轮廓适中、方颐突出、体态丰肥、饱满壮硕，佛的发髻较为高耸且多为螺发，水波式发髻发纹明显，曲直自然。佛的服饰，袒肩式与通肩大衣互用，裙带有小扣结，并分左右不直接下垂。佛像下部衣褶多而密。衣纹多为隆花的圆绳状条纹，衣纹繁复，极具写实性。

这一时期菩萨的造型特点是头戴花瓣式冠或为高发髻，而隋代菩萨所戴宝冠上有双带下飘。菩萨体型稍肥胖，菩萨身上的璎珞复杂，有的代替帔帛，有的帔帛至腿部再交叉上卷，有的璎珞与帔帛同时下垂至腿部再上卷，有的帔帛由双肩下垂，横于胸腹之间形成两道。

这个时期的雕刻等工艺技法承袭南北朝晚期风格，用直平刀法来表现衣纹，后期发展为向下凹入的新圆刀法来表现衣纹，这种工艺技法增强了造像的立体感。

这一时期佛像人物众多，除佛、菩萨之外，罗汉、弟子、天王、力士及供养人等造像大量出现，尤其是呈现跏趺坐姿的弥勒佛造像数量之巨，是前所未有的。

盛唐、晚唐、五代时期佛教造像

盛唐是我国佛教造像最繁荣的时期。佛教造像自东汉传入中国，历经魏晋南北朝、隋和初唐数百年的发展和演化，到盛唐时期将这一外来的造像样式与中国传统雕塑的艺术风格和文化内涵完美地融为一体，创造出成熟典雅的具有中国特色的佛教造像风格。佛教造型艺术在这一时期达到了完全成熟的阶段。

盛唐时期佛教造像表现出了浓厚的中华文化精神和浓郁的民族艺术风格。这一时期佛像艺术所表现出来的鲜明的人格化、世俗化、个性化的特点以及浪漫夸张的艺术表现手法，深刻地反映了那个时代民众的现实生活，体现了盛唐时期的社会风貌。盛唐佛像造型风格独特，艺术手法丰富多样，人物刻画细致准确，技巧更加精致完美。这一时期造像比例协调，结构匀称，已没有了隋和初唐时佛像造型的头部偏大、体态呆板生硬的感觉，大多为体态自由活泼，呈现出生活的气息。盛唐佛教造像的艺术感染力达到了前所未有的成熟和完美。

盛唐时期佛像的造型特征表现为形象庄严慈祥、面庞丰满，五官轮廓逐渐平润，与汉人的相貌接近。佛的发型多为螺髻、高肉髻。佛的服饰多为通肩式或褒衣博带式大衣。盛唐时期的佛像底座多为束腰式台座，底边多为六角、八角、圆形和花口形等多种形式。

菩萨造像面部表情端庄温婉，不着宝冠，多束高髻，发型优美。菩萨的衣着服饰为上身多着纤细的瓔珞，披巾下垂；下着羊肠大裙，裙上多束有一结，有时下垂呈三角形状；衣纹线条流畅，衣裙紧贴腿部，束腰，身体上部向一侧倾斜，袒胸露乳；体态生动，身躯丰腴光润，体现了唐代妇女丰满雍容的风采。

这个时期的造像，佛、菩萨、罗汉等服饰多采用下衣贴体的艺术表现手法。佛像有如从水中出来，湿衣紧贴身上，生动地显现出人的肌体线条轮廓，增加了作品的艺术表现力和艺术感染力。

这一时期的雕刻手法是继隋唐早期的直平刀法和向下凹入的新圆刀法，并在此基础上不断更新，产生了在细部以凸起的圆线条来表现衣纹线条的技法。这种方法表现出线条层次较丰富。以后又逐渐演变成用较为写实的、自然流畅的线条来表现细部特征的艺术表现形式。

唐代石雕菩萨立像

晚唐和五代时期的佛像，艺术风格同盛唐时期大体相同，只是在造像的整体和造型的意韵内涵上有所差异。盛唐时期佛教造像色彩丰富，气势宏伟，形象丰满优雅，富有创造性。而晚唐和五代时期的佛教造像则比较拘泥于定式，很少创新，显得沉稳现实。如果从艺术风格上说，盛唐是浪漫主义和现实主义的完美结合，而晚唐和五代则表现为现实主义的风格，即带有较强世俗情趣的写实性风格，并一直延续到北宋。这一时期佛像的突出特征是：形体比例协调匀称，技法虽然熟练，但造型有些呆板，缺乏灵动之感。同盛唐时期佛像的那种体态丰满、富贵华美的形象相比，显得缺乏神韵。这一时期佛像造型还有一些突出特点，如服饰较朴素，坐佛像的大衣较短，一般只搭到台座边上，这也可能是世俗人物的写实特征。

宋辽金元时期佛教造像的特征鉴识

宋辽金时期佛教造像

唐五代之后宋朝统治者结束了分裂局面，统一了中国，建立了中央集权的国家。中国进入了一个以汉民族为主的宋朝同北方少数民族建立的辽、金、西夏等政权共存的特殊的历史时期。这一时期的佛像风格多样化，既有体现汉文化的宋朝艺术特点，也有北方少数民族的艺术风格，鉴赏时一定要仔细观察严格区分和注意。尤其是1279年元统一中国，北方少数民族文化同汉文化融合一起，对佛教造像的影响之大是不可低估的。从建立北宋到元朝灭亡，前后经历了四个多世纪。这一时期的佛像是各民族文化的融合和共同发展的时期，佛教造像也具备了鲜明的不同民族、不同时期的不同特征。

北宋统一中国后，采取了一些开明政策，促进了手工业和城市商业的发展，使得这一时期经济走向繁荣，文化艺术也进入了新的发展阶段。当时北宋京城汴梁规模宏大，商铺众多，为世界级的大都市。

在这种社会环境影响下，宋代绘画和工艺美术以及陶瓷工艺等方面都取得了极高的成就。宋代的山水画和花鸟画有很高的造诣，并取代佛、道的宗教人物画，占据主流画的位置。宋代瓷器闻名世界，当时的单色青瓷及青花瓷制作水平高超，为世界所惊叹。这一时期的瓷佛像从造型、色彩以及装饰图案等方面都有极高的水平。

宋代，中国传统的理学观念更趋于保守，封建色彩越来越浓重，佛教信仰由此进入了衰退期。城市商业的繁荣，

宋代青铜观音像

商品经济的萌起，社会意识更趋向于现实，佛教造像也更加世俗化、大众化。从狂热崇拜开始转向现实的信仰。唐代佛陀造像的意韵是佛国、人间兼备，高度的浪漫夸张。宋代造像将以往的宗教威严淡化，具有写实性的风格和人间情趣。佛教造像贴近普通民众的生活，并创作出中国人喜爱的观音及罗汉等形象，可以说这一时期的造像是浓郁的世俗化、人间化的现实反映。但一般说来，宋代佛教造像艺术落后于世俗的绘画艺术。宋代绘画艺术对佛教造像的影响是不可低估的，绘画的写实性特点直接影响了宋代佛像的写实性风格。

宋代瓷观音像

宋代木雕彩绘罗汉立像

宋代佛像造型的特点是面容丰润、五官端正、表情宁静，有些像程朱理学士大夫的形象。佛像发型设计多为螺髻，肉髻较为平缓，在螺发同肉髻之间往往又多了一个髻珠，这种造型从晚唐开始出现，当时并不普遍，而宋代成为约定俗成的模式，宋以后佛像发式几乎都为这种款式。宋代佛像的服饰多为双领下垂式大衣，衣纹较为粗重，富有立体感。菩萨造像其面部特征丰圆适度，能表现人的情感和性格。菩萨头饰宝冠，雕饰得华美繁复，缯带下垂，帔帛飘逸婉转，服饰的衣纹极富真实感和立体感。罗汉像刻划的个性鲜明，姿态神情各异，达到了极高的水平。宋代的佛与菩萨造像服饰比唐代要复杂一些，也更世俗化，呈现出高度写实风格，更贴近现实生活。

宋代佛像工艺考究、技法娴熟，随体的衣纹表现得圆润细致、流畅逼真，比唐代固定模式的衣纹更有创意。

宋代佛像造型风格有如宋词一样，有的豪放、有的婉约，一般说北宋风格多为豪放，南宋风格多为婉约。南宋佛像手法细腻流畅，注意装饰细节的真实性，尤其注重神情的反映，以表现其心理状态。

辽金两代佛、菩萨、罗汉等造像是在唐代基础上发展起来的，其特点是能够塑造表现出每个人物面相的特征。菩萨、天王、力士的服饰与晚唐基本相同，而与宋代繁复细腻的服饰有较大差异。造像多采用唐代技法，较少用曲线凸起的线条来表现细部。

辽是中国北方少数民族契丹所建政权，其佛像风格仍留有唐代遗风，同北宋造像没有明显区别，造型都比较准确生动。佛像肉

宋代文殊像

髻比较平缓，面容胖瘦适度，身体饱满，佛坐像上半身较长，胸部丰厚。辽代造像多神态自如、比例适中，肌体和服饰及装饰物具有重量感。佛像台座多为方形、圆形、六角形、八角形多种，典型座为六花状最为精美。其上的花瓣呈盛开状，硕大充实，充满活力。

宋代木雕三罗汉坐像

辽代菩萨造型酷似晚唐时期艺术风格，只是装束显得有些朴素，头上多戴高冠，有时呈三组叶片形，缯带披肩飘逸下垂。罗汉像的造型比例协调、形象生动、富有个性。其造型之精确、工艺水平之高令人折服。

金代造像继承辽代造像风格，但无论佛还是菩萨其身躯造型都较为丰满，胸部突出，体态强壮，体现出北方民族的风貌。

一般说来，北宋后期和南宋时期，佛教造像已显现出纤细柔弱、缺乏神韵的特点。同时期金代造像也大多显得造型繁缛，服饰衣纹重叠繁复，使人感觉衣饰华丽，但神态呆滞。

宋代木雕彩绘罗汉像

辽代石佛坐像

元代佛教造像

元朝统治阶级尊崇信奉藏传佛教即喇嘛教。喇嘛教是佛教与西藏原有的本教长期互为影响所形成的融合教派。元世祖曾尊喇嘛教法王八思巴为帝师，封为“大宝法王”，喇嘛教主要传布于中国藏蒙民族生活的广大地区。元统一中国后，喇嘛教开始在内地特别是北方地区流行。元朝统治者对宗教信仰采取宽容态度。所以，这一时期喇嘛教（密教）与汉族地区的传统佛教（显教）形成并存发展的态势。

元朝对佛像雕塑极为重视，曾设立专门机构管理雕塑佛像有关事项。由于这一时期喇嘛教广为流行，尤其是在北方一些区域大有代替汉传佛教之势，因此元代雕塑了许多密宗佛像，并有不少精品传世，成为后世珍藏的极品文物。

由于元朝统治时期的教义、地区、民族、风格不同，元代密宗造型与显宗造型明显不同，艺术风格独特。佛和菩萨等大多赤裸上身，仅用瓔珞、臂钏等简单装饰，如威严愤怒的金刚，拥搂着裸女（女伴）“欢喜佛”，非常奇异，为密宗所独有。密宗造像的突出特点是高肉髻、鼻高且直、两唇较薄、两颊较瘦、细腰形象。

元代铜铸释迦牟尼坐像

经过唐宋造像艺术的高峰，元代汉传佛教造像由于客观环境已趋于没落，衣纹质感不强，宝冠繁复但不庄重，面部缺乏表情，呈现出程式化的趋势。

明清时期佛教造像的特征鉴识

明代佛教造像

金代瓷观音像

明代继元之后恢复了汉族政权统治，为了巩固皇权，恢复被蒙古族统治者掠夺土地所破坏的农业生产，采取了一些发展农业生产的措施，使传统的农业经济得以迅速恢复和发展。经济的发展带动了手工业、商业和文化艺术等多方面的繁荣发展。

明朝统治者在建国初期，就以恢复汉俗为目的，汉民族的传统文化得到全面恢复，这种形势也在某种程度上促进了佛教造像艺术的发展。明代的佛教造像继承了唐、宋两代艺术风格和技法，并在此基础上有了进一步的创新和发展。这一时期佛教造像的显著特点，就是人物形象更加汉化、人格化和世俗化，更加贴近平民百姓的生活，具备更强的写实性。

明代佛教造像的特征是：面部比较独特，一般额部较宽，而面颊往往又较短，头像还有一个突出的特征，就是头部顶心有珠状物似白毫相。佛像的服饰基本上是世俗人物的样式，其特点是胸袒露得较多，衣服多呈飘逸垂感。服饰的衣纹等线条极为细致，层次感也较强，衣领衣袖多用描金或堆金画出细致的纹理，色彩十分艳丽，工艺水平较高。明代佛像台座的装饰特征也比较突出，台座的上半部均采用莲饰，下半部多呈八角形束腰式，并多有魔鬼杠托。明代佛像的构造一般比较繁复，从雕刻技法上看都比较细腻，尤其是服饰衣纹等细部层次表现得更加丰富，比宋代还要繁复。

明代佛教造像最富特色的还要数罗汉像，不仅具备高水平的工艺技术，品种也很齐全，有石、铁、瓷、陶、泥等各种质地，而且数量也是历史上最多的。明代罗汉形象更加接近现实人物，无论面相还是服饰都与明代的僧人没多大区别，几乎每尊罗汉像都酷似现实庙宇中的和尚。这些罗汉像与唐代高鼻深目，身穿印度服饰的罗汉像截然不同，而且同宋代已经汉化了的罗汉像也有很大区别。无论面相还是衣纹装饰，宋代不同程度地保留有唐代的一些遗风，而明代的罗汉像则已经完全中国化和世俗化了。综上所述，这些特征是对罗汉像进行断代鉴别时的重要依据。

明代铜铸送子观音像

明代的罗汉像在造型上有其不足，给我们在鉴别时提供了重要的依据，这一缺点就是众多的罗汉像面部的造型雷同，几乎都是一副脸孔，有如一个模子倒出来的，个性不鲜明，神态、表情基本相似，不能生动地表现出每个罗汉的个性特征，这是明代罗汉造像的共性。有人用气韵不

明代铜鎏金如来佛像

生动来描绘明代罗汉造像的特征，是比较准确的。明代也有一些个性比较鲜明的罗汉造像，但存世的数量不多。明代的罗汉像极为重视造型，造型甚于一切，缺乏个性化特色，是这一时期艺术风格的显著特征。

明代的佛像以铜铸、铁铸、泥塑和木刻等品种为多。明代比较流行泥塑像。这一时期泥塑像工艺水平较高，在塑造手法上能运用自如，形象生动，工整细致，可以说是中国泥塑佛像的兴盛时期。

这一时期木雕佛像也很有特色，从造型上看，大多采用简练的手法，形象浑圆生动，刻工精细，具有很高的艺术价值。明代的木雕佛像传世品很多，每个造像不仅仅是传世品，也是出色的美术作品。这些木刻佛像，不论人物形象，还是服饰，都是当时流行的款式，都是依据当时人物的真实形象雕凿而成的，具有明显的写实性，真实记录了当时的社会风尚和人文特征。这在罗汉像、诸神像体现得最为明显，它们造型生动形象、刻工熟练细腻，尤其是纹饰等细部的刻法不仅细致，而且给人以客观现实之感。

从总体来看，明代的佛教造像与唐、宋时期相比较有所差异，尤其是明代晚期工艺呈衰退趋势，水平也优劣不等。此时优秀的佛像造型准确，技法极为熟练，尤其是罗汉群像，形象生动、表情丰富，艺术上具有较高的造诣，基本承继了唐宋以来的传统技法。

从传世的明代佛像看，明代造像的雕塑技法也呈衰退趋势，特别是万历年间的造像，其形象大多头大身小，姿态呆板，艺术

明代铜鎏金罗汉坐像

较为逊色。但这一时期藏传佛教的佛像工艺水平却比较高，密宗佛像的造型匀称优美、比例协调、相貌端正、雕饰精致，以写实手法所雕刻的细部极为细腻，尤其是汉化式样的服饰，给密宗佛像以新的面貌和形象，为明代中期以前佛教造像繁荣的局面做出了贡献。

明代佛像造型的艺术风格是在继承宋代造型艺术的基础上发展起来的，所以两者有许多共同点，鉴别时一定要加以注意，一定要找出不同时代佛像造型的差异。一般说，宋代佛像造型比较生动，富有神韵，明代造像服饰华丽，比宋代造型的比例性稍差，同时整体形象也略显笨重。

清代铜鎏金宗喀巴像

明代铜佛像

清代佛教造像

清朝是满族建立的中国封建社会最后一个王朝，在当时的环境下，朝廷也大力提倡汉文化，但由于少数满洲贵族所建立的国家，同以往的汉族政权必然具有不同的特点，这也体现在佛教信仰上。满清贵族原来由于生活在边北地区，比较崇尚喇嘛教，汉传佛教在这一时期不太盛行，没有什么大的发展和变化。清朝的佛教造像处于历史的低谷期，中国古代佛教造像也失去了创造活力和夺目的光彩，并逐渐走了下坡路。这一时期的佛像主要是喇嘛教的铜造像。

清代铜鎏金佛像

清代喇嘛教比较盛行，尤其是在藏族、蒙古族以及满族居住、活动比较集中的中国北部，剌嘛教成为主要教派，在这些地区密宗佛像则是最主要的供奉物品。中国南方的显宗汉传佛教日益衰微，佛教造像也没有多大起色，以传统手法雕塑的汉传佛教造像日渐衰退，很难恢复原有的气势。

清代佛像艺术风格承袭了明代接近世俗的传统，并在此基础上有所发展，并更加世俗化。清代佛像从工艺水平上说，并不比明代逊色，但其表现手法显得有些纤巧无力，缺乏艺术感染力和应有的精神内涵，显得空洞、生硬。

清代佛像的主要特征，从面相上看面颊造型比较丰满，额部有些平板，自然神态不足，且双眉修长，鼻子显得又高又直。从身材和服饰上看，造像的肩部较宽，腰部纤细，佛陀的服饰多为袒右肩袈裟，菩萨的服饰仍以明代为准。在服饰的技术处理上也很有特色，佛陀像的袈裟都显得比较厚实，菩萨的衣服显得轻柔合身，衣纹线条真实并富有活力，有动感和真实感。

清代由于生产力水平逐渐提高，佛像工艺水平较高，存世最多的是喇嘛教的铜铸造像。这些铜佛像，虽然在面相造型上没有什么特色，所表现出的气韵也很是一般，但全身的构造和轮廓都显得合适得体、比例协调、造型流畅。这些铜佛像的工艺都比较精细，衣纹和各种纹饰都具有较高的真实感，比较逼真和细腻。这一时期西藏、青海等地区制作的铜佛像质量较高，装饰一般都较为复杂，是清代铜佛像的精品，成为清代佛教造像的主体。

清代的罗汉造像在雕塑史上也有一定的地位，在某些造型方面有着较为突出的成就。它的特点是神态生动，比例适度，衣带的处理上生动真实。在人物刻画上虽然很真实，但显得不很自然，使人感到有些轻浮和表面化。在衣饰道具等细节方面有些过于繁琐，有的妨碍了主题的突出。清代的罗汉造像比较常见的有泥塑和玉雕两种。

这一时期的佛教造像有一个重要的特征，就是每一尊造像在铸造时，都刻有年款，没有年款的很少见，这是清代造像鉴别时的重要特征。

一般而言，清代的佛像多为喇嘛教的造型式样，在众多的造像中，多刻有年款，尤其是铜佛像的底座内又往往藏有那个时期的经文，泥塑像一般装饰得较华丽，但形体、表情刻画不足的特征明显，大多数收藏者比较容易鉴别。近年来，明清两代佛像的赝品较多，鉴别时一定要加以注意。

清代铜鎏金佛像

中国古代佛教造像的真伪鉴别

因为古代佛像的价值很高，近现代仿古佛像较多，所以佛像鉴定是收藏者的必修课。鉴定佛像真伪，首先必须掌握鉴定的基本常识和仿品造假技术，才能准确、科学地进行鉴定。佛像鉴定的一般方法有颜色对比，即金水的颜色差异可分出年代的真伪。嗅觉对比，即嗅其味道，真品味略香或无味，赝品则会有酸盐等气味。重量对比、古今工艺对比等经验方法。佛像伪造大体上有按真品仿制的现代工艺品、真品填刻伪款、残佛拼凑、综合伪造等手法。

佛造像鉴定的方法

中国很早就出现了文物收藏活动，当时著名的北宋京城汴梁就有古董店，说明那时已经有了进行收藏活动的商业店铺。随着社会的进步，经济的发展，文明程度的不断提高，促进了收藏活动的发展和普及，收藏的内容和形式越来越丰富，参加古玩鉴赏的人日益增多，鉴别真伪的能力也越来越高。由于受利润驱动，赝品日渐增多，造假水平越来越高，现代造假技术越来越先进和复杂，所以文物鉴定辨伪难度也越来越大。

文物是一个历史时期的产物，每一件文物都在不同程度上反映了当时的物质生活和精神生活状态，反映了当时的政治、经济、文化、社会、民俗和生活状况，具体反映出

清代铜鎏金释迦牟尼像

那个时代的皇家贵族和民间百姓的审美观念。文物上表现出的各种工艺水平，具有丰富的历史文化内涵。

文物鉴定要有系统的历史文化理论知识储备，同时还要有丰富的实践经验的积累。对真伪实物应反复进行观察、对比、分析，才能准确断代和进行真伪等方面的鉴别。

在佛教造像收藏鉴定工作中，人们逐渐摸索实践，掌握了一些规律和方法，如颜色对比、嗅觉对比、古今工艺对比等方法。这些方法实用、有效、简便易行，是长期鉴定经验的积累和总结。

颜色辨认是佛像鉴定中最简单易用的方法，也是鉴定真伪佛像的第一步。在鉴定佛像的工作中，应首先用肉眼观察佛像的色泽，这是判断年代和真伪的一个方面。

流传到今天的中国古代佛教造像，从距我们最近的清末算起，已有一个世纪之多，如果从佛教传入中国计算，已近两千年。经过岁月的洗礼，佛像改变了色泽。这种改变由于是在长时间中自然形成的，造假者无论采用什么作假方法，无论使用任何先进技术，都无法完全仿造出那种历史形成的颜色效果。他们即便使用相同的工艺、材质，具有相同的艺术风格，就算他们非常接近或者已经较完全仿真了古代制造的工艺、材质和艺术风格条件，但也仿制不了年轮岁月的痕迹，即使用尽各种手段，作伪者不可能制出由相同环境、时间所产生的外观颜色。作假处理的现代佛像与古代佛像对比在颜色上会产生种种差别。这种差别非常细小，非常微妙。辨认这种差别需要深厚的学识，需要扎实的功力，需要丰富的经验，需要细腻认真的观察，需要长期的积累。任何现代作假佛像，都无一例外地会出现因时间差别而产生的颜色差别的问题。这是个最为显著的问题，也是造假者运用种种方法，煞费苦心，用尽心机的地方。所以颜色辨认方法虽然是一种主观经验鉴定方法，但

清代铜鎏金宗喀巴像

清代铜鎏金多臂观音像

却是收藏者鉴定真伪鎏金佛像的一种最基本的实用方法，也是值得认真钻研、下力气探讨的方法。

这种颜色辨认的主观经验方法，也是有迹可循的。古代佛像经过漫长岁月，表面光洁度会发生改变。鎏金的铜佛像，虽表面上金光闪闪，但整体色泽却透着暗淡，在日光下，折射回来的光线比较柔和。而新的鎏金铜佛像即使经过作旧处理，但在光线的照射下，折射出来的光线比较刺眼。木雕佛像因材质关系，鉴别相对比较容易。古代的木雕作品，木质整体上显得旧腐，外表无光泽。而现代赝品有明显的木材味道，外表有光泽，同时木质较为结实。古代竹雕造像作品与现代赝品比较，其真品竹料表面显得润泽，伪品表面光亮度较强，对比起来有明显的差别。在佛教造像的鉴定工作中，在运用颜色对比的反复实践下，有经验的鉴定者可以辨认出古代佛像和现代赝品颜色色泽上的微妙差别。

除了颜色辨认这一种方法外，还有嗅觉辨认法也是鉴定佛像真伪的手段之一，凭借人的嗅觉进行佛像鉴伪，这是一种传统的经验鉴识法。古代的金铜、竹木、玉和陶瓷造像，经过人们供奉时香火的烟熏，或久埋地下，天长日久会产生特有的气味。鉴定者仔细嗅闻，会感觉到有烟火、霉变、发朽的味道，现代赝品不会有这种味道。经过烟熏、地下掩埋等作假处理的佛像，会适得其反，出现烟火味过浓、土腥气过重和酸盐的咸杂味刺鼻等相反的效果，使人们更容易做出准确的判断。

在鉴别工作中，人们常常进行重量上的比较。真伪佛像比重是不一样的，古代铜铸佛像，因铜质纯正仿量较重；现代仿制品铜质往往不纯正，含杂质，故重量稍轻。古代木雕作品，因时间关系木材中所含树脂挥发罗多，木质朽，重量轻，有轻飘的感觉；现代仿制品木质较重，有湿重的感觉。可以根据古今造像作品重量上的细微差别，作为鉴别时另外一种方法进行参照。

清代铜鎏金大威德明王像

运用现代工艺和古代工艺的对比，也是鉴别佛像真伪的重要方法之一。古代雕塑艺人在毕其一生和世代相继的劳作中创造了一些精湛绝伦的手工工艺。随着现代工艺的出现，这些技艺渐渐失传了。现今的作伪者不可能完全掌握古人的绝技。其仿制品虽也采用手工工艺，但常常得其形而不得其神，也没有古雅之风，多少会留下现代工艺的痕迹，达不到古代工艺的境界。另外，古代生产力低下，更不可能有电动机械，加工困难且进度极为缓慢，所谓“慢工出细活”，一件制品会耗费大量时间，有时一项特殊的工艺要反复试验几十甚至数百次。所以，古代工艺有的虽然简单，但加工时间长得令现代人无法接受，现代人大多急功近利不得不退而求其次，采用机械加工方法。古代和现代的加工工艺有很大的差别，古代工艺由于长时间的处理，表面细致精准。铸像作品烧铸成型或成坯后要进行严格的手工处理，其面部表情、服饰、装饰要经过精细的雕塑技法处理，特别是每件作品的底座，通常都要进行手工处理。而使用现代工艺制作，有经验的收藏者会感觉到作品有一种明显的人为痕迹，如铜铸佛像上机制打磨的粗糙的加工痕迹，木雕造像上齿轮带锯痕，极有规律的加工痕迹往往留在本佛底部。现代加工工艺留下的特殊痕迹，是真伪鉴别的重要内容。

目前佛像的鉴定已经由原来的凭专家经验断代，而进步为科学仪器测试，从而使鉴定结论更科学，目前国家博物馆、北京大学、中陶古艺术鉴定技术开发中心等部门都有专门鉴定检测仪器。采用自然科学方法鉴定和科学仪器鉴定，更具有普遍性、客观可靠性和高度权威性，可以最大限度排除人为的主观错误和误差。它虽然不能够全部代替人的经验、人的智慧学识，也有种种局限，但它提供了一种不同于传统经验鉴定法的全新的理念和操作方式。从而使自然科学鉴定法和经验鉴定法相结合，鉴定结果会更加准确无误。

常见佛造像材质造假方法

采取材质作假的方法伪造佛像，目前常见的有材质作旧和材质代替两种方法。材质作旧包括石刻、铜铸、木雕和玉雕等制造佛像所用材质的作旧。材质代替是用伪材、低价劣质材料代替价格昂贵的高质真材实料，如玉雕所用材质有用玻璃料代替，象牙有用骨质代替，金铜表面鎏金用金属钛代替等等。所以收藏鉴定时需时时警惕。

石刻佛像材质作旧方法

石刻佛像因年代久远，价值较高，所以仿品很多。石刻佛像材质作旧方法有很多种，民间惯用的有下面几种。

一种是在石像上刷硫酸，使其表面腐蚀掉一层，然后放在室外任其风

东魏石刻佛趺坐像
（高 38.5cm）

现代仿北魏石雕佛立像，表面作旧痕迹明显，局部涂钛金属溶剂，冒充真金。

吹日晒雨淋，造成表面斑剥痕迹，呈古旧模样。其二是在石像表面涂上白矾和黄土的混合物，将白矾和黄土用胶水调合刷于石佛像上，使石像表面

清代铜鎏金双身十二臂
上乐金刚像

人为浮现一层蚀锈色。还有一种方法是把石像放入盐加白矾和茶叶的水中煮，也会使其表面产生锈色，然后再用火熏，使石像变旧。这些作旧方法虽然看起来逼真，但有几种简单测试方法是可以测试出破绽来的。其一是用煮沸的碳酸钠溶液（碱水）洗刷石佛像表面，刷过两遍之后，再通过观察锈色脱落程度来判断真伪。如容易脱落，那么佛像的锈斑就相当可疑了，如不易脱落则可能为真品。真锈是经过漫长的时间自然生成的，比如佛像上的石筋锈，锈色发白，为树根形状，锈色特殊，是无法作伪的。伪造品佛像的线条及棱角之处，新刻刀痕明显，很容易看出。

铜铸佛像材质作旧方法

铜铸佛像造伪比较容易，最简单的是将其浇水或浇盐水后埋入地下产生锈斑。真铜铸佛像由于年代久远，经受各种环境的洗礼，表面自然会生成一些程度不同的黑绿色锈层。真品锈层匀称，给人浑然一体之感，锈表面有质感。仿品往往锈层有飘浮感，有扎眼的感觉，凭经验完全可以分辨真伪。通过观察锈色可以发现，仿制品的人为作锈是薄薄一层黑色或绿色的锈斑包着棱角分明的铜地。经常观察真品和伪造品的锈色，如果对比着观察，仔细观察体验真伪锈色的特征，就可以发现佛像锈层真伪的区别是很明显的。鎏金佛像真品因年代久远，一般会有腐蚀的地方，颜色透着暗淡，而新仿制品显得“贼亮”。鎏金佛像利润极高，因而仿者众多。

仿铜铸金刚佛像，佛身用高锰酸钾人为做出一层黑色和绿皮锈斑，仔细观察锈地较浮浅，透出里面新铜，新铜发出刺眼的贼光，和真品相比，不难看出破绽。

铜佛像因铜质不同而产生重量和颜色的差别。唐及唐以前的铜佛像为青铜铸造，含锡、铜比例较低，宋以后出现黄铜，铜含量仍比较高，铜器上手感觉偏重；现代仿制品多用杂铜铸造，含锌、铜等轻金属比例甚高，有害杂质多，铜生硬发脆，表面发乌泛白，很难呈现年代久远而形成的光晕。造型体态及质感显得粗笨，没有真品的精巧气韵。

宋代木雕罗汉像

木雕佛像材质作旧方法

木雕佛像材质作旧是现代常见的，做旧方法简单，比较容易辨别。年代久远的古代木雕佛像局部或多或少都有腐朽，而且木质较轻软，由于时间和环境的影响，会产生特有的烟熏、发霉、发朽等气味，用嗅觉可以感觉得到，比较好鉴别。木雕佛像作旧方法也比较简单，一般都采用烟熏火烤、深埋地下促腐等作旧方法。经这种方法处理的现代木雕佛像，木质较结实紧密，烟火及土壤气味甚浓。

仿古木雕佛像，雕像周身用烟火熏烤作旧，木质比老佛沉重，人为作旧痕迹明显。

玉雕佛像材质作旧方法

玉材本身价格昂贵，因此玉佛不仅是文物，也是名贵的观赏品。真正的玉佛往往价值连城，仿造者费尽心机，不仅伪造玉佛像，还伪造出各个时期的佛像玉雕佛像的材质鉴定，应从以下几个方面入手：

敲打致轻微裂残法　古玉往往带有伤痕。为了模拟古代玉佛的这一特征，伪造者往往敲打玉的边缘或突出部位，来仿制这种残损效果。但人为敲打会在玉表面产生光洁的新伤痕，如果进行染色做沁色处理，染色浮于裂纹表面，用放大镜可以看出。

砣碾法　造伪者用细小的砣碾或钢钻等

唐代汉白玉释迦佛坐像

工具在玉器表面碾出伤痕，故意造出因年久而磕碰或划伤的痕迹，但是这种新痕色泽比较艳亮，如果借助放大镜仔细观察，可以鉴识出人为齐整的斑状痕迹。

砂和兽皮磋法　新玉抛光后，再用砂磋磨，使其表面失去新玉的光泽，然后再用带毛猪皮和带毛的羊皮等揉搓。搓出光晕，以冒充古玉。这种作旧的玉佛，无古玉的水锈、土锈等自然泌色痕迹，且光泽过于鲜亮。用放大镜观察，磨搓留下的细划痕分布较有规律，线条分明，清晰明显，而真品表面痕迹模糊。

伪造黄斑法　有的古玉佛长期埋于低洼地、河滩、盐碱地等自然环境下，表面会产生凹凸不平的众多土斑痕，称为土锈。把新玉涂上胶水，埋入泥土中，也可以伪造黄土锈效果。埋入时间越久，黄斑越像。但经这种方法作旧的玉佛，土的色泽往往比古佛鲜明，不如古玉佛色泽温润黯淡。

玉雕佛像材质代替

玉材代替品是近现代仿古造假的常用手段，造假者以石、玻璃等非玉材料或低质玉劣质玉，经过加工处理之后冒充代替真品玉、优质玉。古代玉佛造像较为常见，由于其材质名贵，价值较高，所以仿品也较多。材质代替手段仿真比较普遍。古代制作玉佛所用的玉料，分为东方玉、西方玉和南方玉三大区域品类。东方玉是中国新石器时代红山文化就使用的玉，以辽宁省岫岩县所产玉料为主体，俗称“岫岩玉”。西方玉主要产于中国西部，俗称“软玉”。南方玉大多为云南和缅甸所产玉料。

近年所见的赝品玉佛，多采用玉材质代替方法伪造。这种作假方法就是将材质、色泽较差的玉石或和玉质相近的石材，通过加工处理用以替代古代高档玉质佛造像，或用玻璃，包括加工染色过的玻璃及其他高分子合成材料代替玉石。

仿唐代汉白玉佛像

常见的有仿造翡翠、仿造青金石、仿造绿松石、仿造砂金石、仿造玛瑙、染色玉髓、染色岫玉等。染色的颜料多为化学颜料，经过染色的玻璃和玉髓等材质已经失去材质本色的本质面貌，染色过于鲜亮，比较容易鉴别。

清代白玉罗汉像

现代人仿造假冒古代玉佛的手段，除了玉石材质的仿造以外，另一重要的内容是玉石的加工改造。天然玉石质量参差不齐，质地不纯、颜色杂乱会产生种种缺陷，优质玉石数量稀少，极为珍贵，这就促使了作伪者使用现代技术来人造玉石和加工改造玉石。而应用现代技术，对玉石进行改色加工，可以改善玉石的颜色和透明度，这又给玉佛像鉴别增加了难度，提出了更高的要求。现代技术改造玉石方法有高温加热法、激光辐射法、颜料染色法、化学镀膜法等多种。

①高温加热法利用物理加热来处理玉石，改善玉石的颜色和透明度。

②激光辐射法是一种高科技的作伪方法，使用高能的辐射线照射玉石，可以改变其颜色。这种照射方法制出的颜色与玉石的天然颜色很接近，如白色翡翠经辐射处理使其变为绿色翡翠，使无色的变为黄或橙黄，使褪色的恢复原有色泽。经改色的伪品，一般情况下要借助仪器鉴定识别。人为手段所产生的颜色是不稳定的，时间长了，颜色会变浅或不均匀，最后还会露出破绽。

③颜料染色法是将玉石用有机染料和无机染料浸泡，改变其颜色。染色法改造的玉颜色不均匀，其颜色有由外向内渗透的明显趋势，辨认容易。

④化学镀膜法是把白色或浅颜色的玉石如翡翠等磨制为成品后在其上镀膜。用该法仿造的玉佛由于镀层极薄，不能再抛光，颜色不均匀，一经高温处理立刻现出原形。

佛造像真伪鉴别

佛像鉴别不同于其他种类文物的辨伪，人们不仅要有丰富的历史知识、丰富的鉴赏实践经验，最主要的是要具备一定的佛学知识，各个时期佛造像都具备时代特征，如唐代佛像面部丰满，宋代略显清瘦，造型与那个时代审美观有关。只要掌握各个时期佛造像的细部特征，进行综合分析判断，才能够准确无误地辨伪识真。

中国古代佛像的鉴识要考虑的因素很多，如造型（面形、体形、姿态）、发式、神情、服饰、手印类型、持物、背光（纹饰）、台座、款识（年款、发愿文）、供养人、龛形、材料质地、制作工艺技法、历史年代等诸多因素。这些因素在中国不同的历史时期又不断发生着各种各样的变化。辨别佛像的真伪及断代，首先一定要了解各个不同历史阶段的不同特征，并依据这些特征，从外在形象样式到内在精神以及宗教意义等诸多要素出发，进行综合分析判断，鉴别年代与真伪。佛像承载着丰富的时代内容和深刻的文化内涵，作伪品不具有历史感和漫长的时间痕迹，这就决定了今天的伪造佛像与古代佛像必然会有实质性差异。这种实质性差异又会表现为种种细微差别，从而为我们的鉴别工作提供依据。佛像辨伪就是在众多佛像中，能准确辨别出哪是真品，哪是赝品。要做到这一点，首先应知道赝品是如何作成的。

佛像作假有很多种方法，除了材质作假以外，通常还有真品仿制法、真品伪款法、残缺拼凑法、综合伪造法等多种方法。

真品仿制法

真品仿制是以真品实物或照片、图片为摹本进行临摹仿制，这是一种直接简便的作假方法。不同历史时代具有典型特征的佛像一般都被仿制过，有的甚至批量制作。真品仿制从材质上分主要有石佛像、铜佛像、铁佛像、陶佛像、木佛像还有玉佛像等，但最为常见的是石佛像、铜佛像及木佛像。

真品仿制石佛像

真品仿制的石佛像与真品实物本身或图录相对照会发现种种问题。

真品仿制铜佛像

真品仿制的铜佛像一般是按照实物翻模铸造，还有依据照片重新开模铸造。实物翻铸的铜像大体上与原件一致，但不能完全再现细部，仔细观察、认真辨认会发现脸部、衣褶、手指、脚趾等细部做工比较粗糙、不精细，如手指呆板不自然，衣纹细部粘连，缺乏层次感，有的佛像内膛里甚至还有翻

这尊仿北魏铜鎏金佛像系依照图片而制作

砂、铸模留下的砂粒。翻铸以后再经过打磨加工，可明显看出与古代工艺无法相提并论，会露出明显破绽。制成的铜佛像质地发生变化，重量太大，感觉压手，死沉死沉的，而且铜质发涩。

按照片模仿真品铜佛像也是常见的方法，一般用已发表的佛像照片，如果仿制人们过于熟悉的佛像容易被识破，作假者往往选择不太为人所知的出版物上的佛像照片，大多来源于境外各国的图片资料。这样仿制出来的佛像比实物翻模更体现不出细部特征，尤其是佛像背后有很多细节都是臆造的，因为大多照片都不照背后，造假者不能了解，所以背面图纹往往与正面显出不协调，佛像比例失真更大。而且以平面照片也无法准确复原立体形状，所以在外形上根本无法忠实于原作，必定留下遗漏和破绽。

真品伪款法

按照价值规律，年代越久远的文物价值越高，所以在石佛像和铜佛像上刻比实际年代更为久远的年款，这是一种比较简单的作假手法。比如现代仿清代的佛像加刻北魏年款，通过辨识佛像的年代特征，并与标识的年代对比，便可以发现其中自相矛盾之处。同时，这种后加的伪款在文字运笔、字体、刻工方式等方面往往会出现疏失，也可窥出造假者文化浅薄。

拼凑法

还有旧样拼凑法。所谓拼凑法，就是把几件不同的古旧佛像残件拼在一起，合成一件完整佛像的作假方法。如造假者有一清代佛身，没有佛头，就用北魏的佛头和清代佛身组合成一尊佛像，虽然两段造像都是老的，但明显可以看出时代风格不同。所以，这种拼凑组合的佛像比较容易鉴别。还有把新刻一部分或是把不同年代的佛像上下部拼凑成一尊新佛像，这就是另一种拼凑作伪法。用这种作伪方法拼凑的佛像，由于年代的不同，石质有新石和旧石的区别，还有现代人雕刻的工艺和古代人风格的差异，比较好鉴别。又如，北朝和唐代的铜佛像，制造时其佛身和背光也常常是分铸，然后组装成完整佛像。由于各种原因，存留到现在可能只剩某一部分，作假者就把不同佛像的上下部分拼凑成一尊完整的佛像。因为北朝和唐代相近，所以这种拼凑组合的佛像很容易使人上当。

综合伪造法

所谓综合伪造法，是指在造假时回避大家都熟悉的真品，而是将几个不同佛像的头、手、身、衣纹以及背光或台座等不同部分重新组合，造出一尊新的佛像。人们在古玩市场往往会看到用这种方法伪造的似是而非的佛像。看起来既熟悉又生疏，仔细辨别既有点像真品，又有作伪者随意发挥的因素。这种综合伪造的佛像，由于无真品实物参照，仿造者往往又不懂佛学知识，其造型往往违反常理，错误不少，比较容易辨别。这种综合伪造的佛像比较多见，收藏者一定要格外慎重。

佛教造像拍卖价值简表

年代/名称	规格	价格（元）	拍卖时间	拍卖行
清　铜文殊菩萨	13cm	40000~60000	2005 年	北京翰海
清　铜鎏金大持金刚	16.4cm	50000~70000	2005 年	北京翰海
清　铜鎏金四臂观音	15.2cm	50000~70000	2005 年	北京翰海
清　铜鎏金无量寿佛	18.2cm	50000~70000	2005 年	北京翰海
清　铜鎏金菩萨	23.5cm	80000~120000	2005 年	北京翰海
清　铜鎏金释迦牟尼佛	18.2cm	30000~50000	2005 年	北京翰海
清　铜鎏金文殊菩萨	16cm	60000~80000	2005 年	北京翰海
清　铜鎏金白渡母	17.3cm	50000~70000	2005 年	北京翰海
清　铜鎏金大威德金刚像	5.1cm	50000~70000	2005 年	北京翰海
明永乐　铜鎏金绿渡母	19cm	1800000~2500000	2005 年	北京翰海
明永乐　铜鎏金佛像	25.7cm	1200000~1800000	2005 年	北京翰海
清　铜鎏金坐佛	41cm	600000~800000	2005 年	北京翰海
清　铜观音菩萨像	38cm	180000~250000	2005 年	北京翰海
清乾隆　铜自在观音	17cm	60000~80000	2005 年	北京翰海
清　铜鎏金弥勒	32cm	100000~150000	2005 年	北京翰海
明　三彩观音坐像	135.2cm	1500000~2500000	2002 年	中贸圣佳
明　三彩陶塑菩萨坐像	120cm	4200000~4800000	2002 年	佳士得
北魏　铜佛	40.5cm	1200000~1500000	2005 年	中正拍卖
清　铜鎏金文殊菩萨像	15cm	2500~4000	2005 年	中正拍卖
清　铜鎏金上师像	13cm	5000~7000	2005 年	中正拍卖
清　鎏金上师佛像	26cm	50000~70000	2005 年	中正拍卖
清　铜鎏金绿度母佛	24cm	50000~70000	2005 年	中正拍卖
元　铜鎏金嵌松石四臂观音像	31.5cm	250000~300000	2005 年	中正拍卖
清　铜鎏金释迦牟尼佛	23cm	40000~60000	2005 年	中正拍卖
明　铜鎏金观音	23cm	30000~40000	2005 年	中正拍卖
清　铜鎏金罗汉	28cm	80000~120000	2005 年	中正拍卖

（续表）

年代/名称	规格	价格（元）	拍卖时间	拍卖行
清　铜鎏金十一面千手佛	39cm	30000~40000	2005 年	中正拍卖
清　铜鎏金弥勒佛像	11cm	60000~80000	2005 年	中正拍卖
明　青铜佛像	22cm	25000~30000	2005 年	中正拍卖
清　鎏金财神	11cm	4000~6000	2005 年	中正拍卖
明　铜鎏金观音菩萨	19cm	40000~60000	2005 年	诚铭国际
清　铜鎏金喜金刚	29cm	15000~25000	2005 年	诚铭国际
清　铜鎏金大威德	22cm	30000~40000	2005 年	诚铭国际
明　铜鎏金金刚手菩萨	19cm	50000~60000	2005 年	诚铭国际
清　银制观音像	41.7cm	60000~120000	2005 年	诚铭国际
清　铜鎏金千手观音	35cm	20000~30000	2005 年	诚铭国际
清　铜鎏金财宝天王像	31cm	280000~300000	2005 年	诚铭国际
明　释迦牟尼鎏金佛	14cm	30000~40000	2005 年	诚铭国际
清乾隆　观音鎏金佛	12.3cm	20000~35000	2005 年	诚铭国际
清乾隆　鎏金尊胜天母佛	16.6cm	60000~80000	2005 年	诚铭国际
清　铜鎏金度母	26cm	30000~50000	2005 年	诚铭国际
明　鎏金带莲花座观音	17.5cm	30000~45000	2005 年	诚铭国际
清　铜鎏金马头明王	30cm	28000~40000	2005 年	诚铭国际
明　红铜嵌银释迦牟尼佛	19cm	8000~14000	2005 年	诚铭国际
明　泥金文殊菩萨佛像	33.5cm	8000~11000	2005 年	诚铭国际
清　铜鎏金阿弥陀佛座像	20cm	18000~25000	2005 年	天津国拍
清　铜鎏金佛	20cm	10000~15000	2005 年	天津国拍
清　鎏金十一面观音	17.5cm	15000~25000	2005 年	天津国拍
明　铜泥金释迦牟尼佛像	40cm	150000	1999 年	天津文物
清　铜鎏金释迦牟尼佛像	25.5cm	40000	1999 年	天津文物
清　铜鎏金释迦牟尼佛像	28cm	50000	1999 年	天津文物
明　铜鎏金阿弥陀佛像	44cm	200000	1999 年	天津文物
明　铜鎏金观音菩萨像	51cm	180000	1999 年	天津文物
清　铜鎏金绿度母像	25.5cm	180000	1999 年	天津文物
清　铜泥金文殊菩萨像	34cm	50000	1999 年	天津文物
清　铜鎏金财宝天王像	32cm	260000	1999 年	天津文物
清　释迦牟尼佛像	20.5cm	80000	2005 年	北京东正
明　铜鎏金绿度母	24.5cm	180000	2005 年	北京东正
宋–元　铜鎏金释迦牟尼佛像	28.7cm	180	2005 年	北京东正

（续表）

年代/名称	规格	价格(元)	拍卖时间	拍卖行
明　铜鎏金佛	28.5cm	80000	2005 年	北京东正
明　铜鎏金菩萨像	29.5cm	38000	2005 年	北京东正
明　铜鎏金四臂观音像	21cm	75000	2005 年	北京东正
唐　龙门石雕菩萨像	119.4cm	350000~400000	1995 年	索斯比
唐　龙门石雕菩萨立像	122cm	350000~400000	1995 年	索斯比

古代佛造像外观造型详解

宋代青铜观世音像

高：23厘米

价值：约为13万元人民币

这尊观音造像为头戴五叶花冠，下饰有阿弥陀化佛像，雕饰华丽繁复，两侧面缯带垂于耳后，帔帛曲折反复，上身饰璎珞，下着大裙，衣纹生动写实，富有立体感。双手于脐前结定印，结跏趺坐于束腰高莲座上。该造像的突出特点是有两支花蔓分别由肩部延伸到指间，并有净瓶、飞鸟置于其上。尤其是宝座上饰有飞鸟形象，这在宋代菩萨造像中比较少见，具有南方区域文化的特点，一般认为是南宋时期的造像。

明代铜鎏金弥勒佛像

高：26.5厘米

价值：约为12万元人民币

这尊造像为螺发式样，高肉髻，髻顶有宝珠。面相为国字型，头微下倾，长鼻，大耳。双目垂视、面容和煦、仪态端庄、身躯雄壮。穿袒右肩大衣，双手当胸结说法印，趺坐于莲花座上，为弥勒从兜率天宫降临人世，弘法度众的造型。

明代铜鎏金阿弥陀佛像

高：21厘米
价值：约为13万元人民币

该造像比例协调，形象生动。造像为螺发，高肉髻，髻顶宝珠硕大，面相方圆，鼻高耳大，表情和悦宁静。着袒右肩式大衣，披肩绕至左肩，双手为禅定印，跏趺于莲花座上。莲瓣饱满宽实，衣衫精细，工艺水平较高，应为明代金铜佛像的精品之作。

明代铜鎏金菩萨像

高：19.5厘米
价值：约为1.5万元人民币

这尊造像头戴花形宝冠，宝冠繁丽细腻，呈五叶片形，两侧缯带上扬。面相方圆，表情端庄静穆。袒上身，无传统帔帛，胸前所饰璎珞得体，束腰，下着大裙，臂挽飘带，装束朴素。左手上举结说法印，右手置膝上施威慑印，跏趺坐在高束腰莲花宝座上。该造像呈现明代造像头大身小的特点，肩宽，上身短，比例也不够协调，应为明代晚期作品。

明代铜鎏金菩萨像

高：40厘米
价值：约为40万元人民币

这尊明代铜鎏金菩萨佛像，纹饰细腻、精美，置有背光焰。头戴冠，胸前挂配饰，细腰软腹，双手施定印，结跏趺坐于四方座之上。这尊佛面相丰润，仪态端庄，细眉，两目垂视。身体比例头部较为宽大，是明代比较普遍的造像风格。

这尊佛像高40厘米，做工精细，为明代此类佛像中的精品。

明代铜鎏金观音菩萨像

高：14.5厘米
价值：1万元人民币

该观音像造型独特，从技法上看应是明代中期作品。该像头戴五叶花冠，花冠正中雕饰有阿弥陀佛坐像，发垂双肩，面相方正，表情庄重。外着双领下垂式大衣，袒胸，胸前佩瓔珞，衣纹富有立体感。双手结禅定印，呈跏趺坐姿，台座已损坏。左右各有一柱形石台，其上分别有一鸟一净瓶。这尊观音佛，虽为明代作品，但造型过于简单，工艺不够精细，而且台座损坏，影响了市场价值。

明代铜鎏金释迦牟尼像

高：22厘米
价值：约为6万元人民币

这尊佛像为明代铜铸像，表面鎏金大多已脱落。从造型上看，比例不够协调，有些头大身小，姿态也显得僵板，雕塑工艺也不算精美，具有明代晚期佛像的显著特征。

佛像面相丰满，呈方形，高肉髻，螺发正中嵌一髻珠；鼻高直，双耳垂肩，整个面相基本符合佛造像中有关“相好”的规定。佛穿袒右肩大衣，右肩上罩有披肩，左手于脐前施结定印，右手施触地印，趺坐于莲花宝座之上，为释迦牟尼成道相。

明代青铜观音像

高：19.3厘米

价值：约为4.5万元人民币

该像为明代典型菩萨造型。造像头戴宝冠，冠正中有阿弥陀佛坐像。面相饱满、秀眉凤目、仪态庄重、神情慈祥。衣着双领下垂式大衣，胸前嵌满璎珞，衣纹生动，有立体感。双手结定印，趺坐宝座之上，宝座两侧上的净瓶，小鸟俱已缺失。整体造型比例协调、工艺精细，在明代的铜造像中也应为精品。

明末铜鎏金阿弥陀佛像

高：32厘米

价值：约为18万元人民币

该像造型为螺发高肉髻，髻顶有宝珠，面型方圆，宽额丰硕，细眉，大鼻，双目低垂，表情庄重，为明末清初阿弥陀佛的典型形象。造像穿双领下垂式大衣，内着僧祉衣，衣褶生动，富有质感。双手于脐前结禅定印，趺坐于莲花宝座之上，莲座为上仰形莲瓣构成，工艺精致，尖挺有力，为明末佛像的精品。

清初铜鎏金释迦牟尼像

高：17.5厘米

价值：约为12万元人民币

该尊佛像发式为宝珠形高肉髻，面相丰满，鼻高直，鼻翼较宽厚，大耳垂肩，表情端庄宁静，身体造型壮硕。身穿袒右肩大衣，内穿僧祇衣，衣褶立体感较强。左手为禅定印，右手结触地印，跏趺坐于莲花宝座上，莲瓣宽扁平实，整个造型古朴凝重，可作为明末清初佛造像典型参考相。

清代铜鎏金白度母像

高：16.5厘米
价值：约为5.5万元人民币

度母为观音化身，藏传佛教有二十一度母，常见的为白度母和绿度母。这尊造像头戴五叶宝冠，头大、额宽，头向上右微侧，面容甜美，身姿优雅，给人以动感。上体披帔帛，并缠于两臂，胸前饰有璎珞，装饰得体。左手当胸结三宝印，右手置膝上结施愿印，趺坐于莲花宝座之上。白度母是藏传佛教中颇有特点的女神形象。

清代铜鎏金阿弥陀佛像

高：19厘米

价值：约为8–10万元人民币

阿弥陀佛为梵语，汉译为无量光，此佛光明无量。藏传佛教认为阿弥陀居于西方极乐世界，为莲花部之主。这尊佛为螺发，高肉髻，髻顶有宝珠。面相浑圆丰润，庄严温厚。身躯结实，身着袒右肩式大衣，纹饰朴素简洁。双手于脐前结禅定印托钵，跏趺坐于莲花宝座之上，莲瓣宽扁，带有萨尔纳特造像风格。

清代铜鎏金无量寿佛像

高：18厘米
价值：约为6.2万元人民币

无量寿佛虽为藏传佛教中的化现佛，但民间供奉的数量确相当多。

这尊造像头戴五叶冠，高发髻，柱状发髻顶部饰有宝珠。面相丰满，额部宽平，耳垂肩，双耳饰有花状冠结和U形宝饰。上身披帔帛，胸饰璎珞，下身着僧裙。双手在脐下结禅定印，趺坐莲花台上，该像全身比例匀称，造型大方，手托宝瓶已失。

清代铜鎏金财宝天王像

高：32厘米

价值：约为28万元人民币

财宝天王，梵名为毗沙门，又称多闻天王，为四大天王之一。财宝天王为南方宝生佛的化现，财宝天王司职人间功德与福报的转化，管理发送财富，以解众生之需，因此备受广大民众尊崇。

这尊财宝天王像，身穿甲胄，横坐猛狮，面呈忿怒相，其造型生动，做工繁复、精细，为清代此类造像的精品，市场价位较高。

清代铜鎏金药师佛像

高：16.5厘米
价值：约为8万元人民币

这尊弥勒佛造像全称药师琉璃光佛，他手持药钵，医治众生痼疾。按藏传佛教规定，若欲治他人之病，观想药师佛手中药钵所放蓝光，照在食物或衣服上，一切业障及疾病可完全消除，故药师佛深得西藏民众的崇敬。这尊佛表情肃穆，显出慈爱之心。左手结禅定印托药钵（已失），右手施印持药枝河子，跏趺坐于莲台之上。

清代铜鎏金弥勒佛像

高：15.5厘米
价值：约为5.5万元人民币

这尊造像头为螺发，高肉髻，面相方正，头低垂，显得额宽，但通体比例匀称。身着袒右肩大衣，内穿僧祇支，衣纹錾刻精美、细致，极富立体感。双手当胸结说法印，趺坐在莲花宝座上，似在说法布道。在藏传佛教造像最为兴盛的清代，也不失为比较好的作品。

清代铜鎏金弥勒佛像

高：17厘米
价值：约为6万元人民币

弥勒佛在藏传佛教中最受崇奉，每年专为供奉弥勒佛而举办的甘珠尔法会极为隆重。弥勒佛的造像在藏系密宗佛教中无论品种、数量，还是质量也都是最好的。这尊弥勒佛造像遍体鎏金，工艺极为精湛。这尊造像头为螺发，高发髻上嵌一大宝珠，面相方正，细眉，高鼻，双目微垂，双耳垂肩，神态祥和，表情专注。身穿袒右肩大衣，双手当胸结说法印，跌坐于莲花宝座上，象征着对弘法度众的执着和虔诚。

清代铜鎏金释迦牟尼像

高：16.5厘米
价值：约为5.5万元人民币

此造像为释迦“成道相”。头上为缓平式高肉髻，面相清丽，神态和煦。身披袒右肩大衣，内着僧祇支。左手施禅定印托钵在手，右手向内结触地降魔印，全跏趺坐于莲台上。造型工整，比例协调，纹饰精细。

清代铜鎏金释迦牟尼像

高：17.2厘米

价值：约为5.6万元人民币

这是一尊藏系密宗释迦牟尼佛造像。头上为高发髻，髻顶嵌有宝珠，面相丰圆，仪态端庄。身躯壮硕，造型敦厚结实，轮廓分明，造型有力。身披袒右肩式大衣，匀称合体，衣纹流畅，颇有立体感，纹饰细密精美。左手于脐前结禅足印，右手掌心向内施触地印，趺坐于莲花宝座上，莲瓣宽大，并饰有联珠纹，为清代密宗典型的释迦牟尼造像。

清代铜鎏金大持金刚像

高：17.5厘米
价值：约为6万元人民币

大持金刚是藏系密宗噶举派敬奉的本初佛。密宗宣称大持金刚是释尊宣讲密宗法时化现的形象，又称之为“秘密主”。这尊造像头戴宝冠，缯带上扬，面相呈国字形，高鼻，嘴唇丰满，双面下垂，神情庄重。双手各持有金刚铃和金刚杵，于胸前交叉，趺坐于莲花座上。该像造型生动，纹饰细致，为清代密宗造像精品。

清代铜鎏金噶玛派上师像

高：9厘米
价值：约为2.5万元人民币

这尊造像头戴五方佛帽，宽额丰硕，高鼻大嘴，双面垂视，表情肃穆，形象写实。身穿袒右肩大衣，内着背心，下着僧裙，裹住双膝，为藏族僧人的典型衣着。左手于脐前施禅定印，右手于膝前施与愿印，跏趺坐于三层卡垫上，为噶玛派祖师形象。

清代铜鎏金噶举派上师像

高：25厘米
价值：约为12万元人民币

这尊佛像头上束发，呈柱形高发髻，两缕长发搭于两肩。袒上身，饰有璎珞和项链，下身着裙。左手持金刚铃置于腰侧，右手当胸似托金刚杵，跏趺坐于仰莲台座上，造型同金刚萨捶相似，应为修习金刚萨捶的上师形象，在藏传佛教中，噶举派上师多为此种造型。

清代铜鎏金宗喀巴大师像

高：40厘米
价值：约为16万元人民币

宗喀巴大师，本名洛桑扎巴，生于青海，是藏传佛教格鲁派的创始人，被誉为“第二佛陀”。

佛教在公元7世纪传入西藏之后，同西藏本地的文化和宗教相融合，形成了具有本地特色的藏传佛教，其佛教造像在长期的发展过程中，逐渐形成了具有本地鲜明地域特色的艺术风格。这尊佛像头戴通人冠，身着喇嘛僧袍，双手当胸结说法印，全跏趺坐于莲花宝座之上。服饰衣纹雕刻精细，具有藏传佛像的显著特点，是清初藏传佛教造像中的精品。

清代铜鎏金宗喀巴大师像

高：16.5厘米
价值：约为4.5万元人民币

宗喀巴大师也称为文殊菩萨化身。此造像突出特点是鼻子宽大，眉鼻连成一体，是宗喀巴"安多大鼻子"绰号的面部写实特征。造像头戴密宗造像中常见的通人冠，上着袒右肩式大衣，内穿背心，下着僧裙。双肩上各饰波罗花，右边花上置一宝剑，左边肩花上置经书（已佚失），双手结转法轮印，结跏趺坐于莲花宝座之上，莲瓣尖挺，具有明末清初密宗造像的显著特征。

清代铜鎏金罗汉像

高：10.5厘米
价值：约为2万元人民币

这尊造像为藏系佛教典型罗汉像，应为藏传佛教十八罗汉之一。头部剃度，为出家僧人造型，脸庞圆润，面带喜色，神情专注。身着长裙和袒右肩袈裟，衣纹质地流走自然，左手置于左膝上，托一香炉，右手当胸持一杖倚肩，右腿横盘，左腿下垂，坐于方形二层卡垫上。

清代黄铜护法女神像

高：10.5厘米

价值：约为8000元人民币

该造像头戴五叶花冠，长脸、长鼻、细眉、大眼，神情威严。造像袒胸，肩搭帔帛，上身饰璎珞，下着大裙，跨坐在双角坐骑上。从造型上看，有藏传佛教中护法女神吉祥天母的形象，从服饰上看又类似汉传佛教中菩萨的形象，应为内地工匠参照西藏佛像所造之护法女神像。

清代铜鎏金宝生佛像

高：16.5厘米
价值：约为5.5万元人民币

这尊佛像头部为螺发，高肉髻。面相丰满，高鼻、大耳，表情庄重，具有宝族诸神主尊的气质。身躯健壮有力，着袒右肩式大衣，大衣紧着躯体，造型朴实，只有领口、袖口有简单纹饰，为典型萨尔纳特造型风格。左手施禅定印，右手施与愿印，跏趺坐于莲台上。

清代鎏金铜绿度母像

高：30厘米
价值：约为30万元人民币

这尊铜鎏金绿度母像头戴花蔓冠，上身袒露，颈挂格珠两串，双耳坠花结饰物，配有手钏、肘钏、手镯等饰物。右手置膝部，手掌向外施与愿印，表示愿解救众生。绿度母左腿单盘，右腿向下舒展，脚踩一朵莲花，是最有特色的造型。

这尊绿度母面相慈善，呈现出女性典雅秀美的特质，是清代同类造像中较优秀的作品。

民国瓷观音菩萨像

高：36.5厘米

价值：约为2-3万元人民币

这尊彩瓷观音佛像，头戴佛冠，大耳垂肩，并有头光映饰。胸饰卍字印，袒露上体，肩披飘逸的帛带，并缠于双臂之中，下着大裙。这尊观音面相圆润丰满，呈现善解人意的慈悲之态。双手于脐前施禅定印托钵，跏趺坐于莲花宝座之上。该尊瓷佛佛身和莲花座分体烧制，瓷的釉色光彩艳丽，为民国时期景德镇烧制的佛造像的精品。

古代佛造像价值评估

中国古代佛教造像的市场价格虽有某些规律，但也常常受多种因素的影响，如年代、存世量、品相、工艺及收藏者的爱好等。如果在拍卖公司上拍，拍卖公司的运作策略等因素，对拍品的成交价值也至关重要。

一般而言，有官款的宫廷造像做工精细，有较高的市场价值；年代久远的存世品，由于数量较少，也容易被市场追捧。另一方面，有人可能认为佛格地位高的佛造像价值应该高，但情况也并不完全如此，如释迦牟尼佛祖历代造像极多，有时市场价值远低于造型繁复精美的诸神像。

总之，佛教造像的市场价格是由综合因素决定的，收藏者应不断关注市场情况，积累经验，正确决策。

唐代石雕菩萨立像

价值约为120万人民币

唐代铜鎏金释迦牟尼像

价值约为60万元人民币

唐代石雕佛像

9.5厘米×27厘米×9.5厘米

价值约为60万元人民币

唐代石雕观音菩萨像

高130厘米 价值约为80万元人民币

宋代铜骑兽佛像

高12厘米左右

价值约为1万元人民币

辽代铜佛像

高10厘米左右 价值约为8000元人民币

元代铜释迦牟尼像

价值约为30万元人民币

辽代石雕白度母像

高60厘米　价值约为36万元人民币

元代铜佛像

高约13厘米左右

价值约为9000元人民币

明代铜泥金佛

高20厘米 价值约为2.5万元人民币

明代铜观音像

高29厘米 价值约为6万元人民币

明代铜泥金释迦牟尼像

高40厘米 价值约为18万元人民币

明代铜鎏金释迦牟尼像

高61厘米 价值约为35万元人民币

明代铜鎏金释迦牟尼像

高10.2厘米 价值约为2万元人民币

明代铜漆金释迦牟尼像

高38厘米 价值约为16万元人民币

明代铜漆金罗汉坐像

价值约为167万元港币

明代铜送子观音像

高30厘米 价值约为6万元人民币

明代铜胁侍女像

高20厘米 价值8000元人民币

明代铜鎏金阿弥陀佛像

高44厘米　价值约为25万元人民币

明代铜鎏金观音菩萨像

高51厘米　价值约为28万元人民币

明代铜释迦牟尼像

高16厘米
价值约为6000元人民币

明代铜释迦牟尼像

高18厘米
价值约为8000元人民币

清代陶塑释迦牟尼像

高10厘米
价值约为3000元人民币

清代铜菩萨像

高12厘米
价值约为6000元人民币

清代铜泥金文殊菩萨像

高34 厘米 价值约为8万元人民币
（手中所执宝剑及莲花、般若经已失）

清代铜鎏金文殊菩萨像

高22 厘米 价值约为6.5万元人民币
（手中所执宝剑及莲花枝、般若经已失）

清代铜鎏金文殊菩萨像

高18厘米
价值约为3万元人民币
（右手中宝剑断损，
左手执青莲花及般若经已失）

清代铜鎏金四臂观音像

高17厘米 价值约为6万元人民币

清代铜鎏金四臂观音像

高20厘米 价值约为7万元人民币

清代铜鎏金十一面观音像

高17.5厘米 价值约为4.5万元人民币

清代铜鎏金十一面观音像

高18厘米 价值约为8万元人民币

清代铜鎏金掐丝佛像

高11.1厘米　价值约为35万元人民币

清代铜鎏金释迦牟尼像

高20厘米　价值约为6万元人民币

清代铜鎏金释迦牟尼佛像

高25厘米　价值约为5万元人民币

清代铜鎏金佛像

高18厘米 价值约为8万元人民币

清代铜鎏金佛像

高18.2厘米 价值约为5.6万元人民币

清代铜佛像

高16厘米 价值约为8000元人民币

清代青白玉罗汉像

高40厘米
价值约为12万元人民币

清代白玉罗汉像

高13厘米
价值约为45万元人民币

民国白玉观音像

高42厘米
价值约为25万元人民币

清代翠玉观音像

高39.5厘米
价值约为23万元人民币

清代瓷观音像

高60厘米 价值约为15万元人民币

清代德化窑瓷观音像

高31厘米 价值约为4万元人民币

清代德化窑瓷布袋和尚像

高16.5厘米 价值约为2万元人民币

清代德化窑瓷观音像

高33厘米

价值约为3～4万元人民币

清代寿山石达摩像

高35.5厘米 价值约为3万元人民币

清代寿山石滴水观音像

高13厘米 价值约为12万元人民币

清代寿山石观音像

高20厘米 价值约为2万元人民币

清代犀牛角观音像

高18.5厘米 价值约为25万元人民币

清代犀牛角观音像

高28厘米 价值约为16万元人民币

清代犀牛角白度母像

高11.5厘米 价值约为5万元人民币

清代铜鎏金财宝天王像

高18.5厘米　价值约为5万元人民币

清代铜鎏金佛塔

高18厘米

价值约为1.2万元人民币

民国铜金刚像

高22厘米　价值约为8000元人民币

清代铜鎏金宗喀巴大师像

高16厘米 价值约为4.8万元人民币

清代铜鎏金宗喀巴大师像

高16.5厘米
价值约为4.5万元人民币

清代铜鎏金宗喀巴大师像

高18厘米 价值约为3万元人民币

清代铜鎏金宗喀巴大师像

高16厘米 价值约为2万元人民币

古代佛造像鉴赏

佛教在中国的传播历史悠久，佛造像的品类繁多，同时由于各朝代人们审美情趣的差异，以及上层统治者的意愿等因素，即使同一类型的佛陀众神，其衣饰、面相、造型等仍有较大区别。所以收藏爱好者应该锻炼观察能力，多接触实物，以增强鉴赏鉴别水平。

隋代汉白玉菩萨像

北魏铜鎏金犍陀罗风格佛像

金刚力士佛教中名为那罗延，源自古印度神话中的神。金刚力士具有力大无穷、镇慑妖魔的威力。中国古代传说中，为守护天际四极不被折断，四大金刚力士受命守护，受到赞赏。金刚力士后期在中国演变成寺庙中的护法金刚（哼哈二将），他们手持金刚杵，怒目而视，凶悍异常。

唐代石雕金刚力士像 高36厘米

唐代阿难、迦叶像 高99厘米

唐代铜鎏金武士俑

辽代旃檀释迦牟尼像

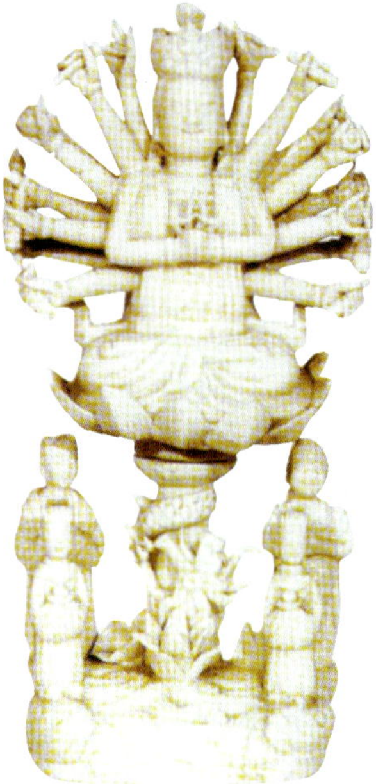

明代德化瓷十八手准提菩萨像

准提菩萨为莲花部诸尊之母，准提为清净无比之意。

准提菩萨形象以多目多臂为特点，分为二臂、四臂直到八十四臂等近十种，目前比较多见的为三目十八臂，造像一般着白色衣，头戴冠，腰系绶带，结跏趺坐宝座之上。

元代铜鎏金八臂观音像

明代铜胎掐丝珐琅工艺比较流行，常见的器型多为香炉、盘碗盆等生活器皿，也有大量花觚花瓶之类陈设器生产，但是铜胎掐丝珐琅观音像比较少见，因此这件明代铜胎掐丝珐琅观音像是比较珍贵的。

明代铜胎掐丝珐琅观音像

明代铜鎏金如来佛像

明代铜佛像

明代瓷三彩观音像

明代铜鎏金文殊菩萨像

明代铜鎏金无量寿佛像

无量寿佛又称为无量光佛。梵文意为光、寿的无限，表示光明、长寿。按佛经所指，诵长寿佛咒语，能获永久福寿，最终会被接引到西方的极乐世界。藏传佛教将无量寿和无量光分为不同的两尊佛供奉，其中供奉无量寿佛为最多。

无量寿佛造型一般为：头戴冠，胸前配璎珞，双手结定印托宝瓶，结跏趺于莲花宝座之中。

佛经中有佛身之四周呈丈余光明之说，主要为说经讲法等时身体发散的光焰。在佛的头光、身光的外圈增加一层光焰，为佛的大背光焰。在佛陀和一些金刚造像中，常有背光火焰装饰，有“卷草光”、“火焰光”等多种纹饰，增加了庄重、华丽的效果。

清代铜鎏金无量寿佛像

清代铜鎏金无量寿佛像

清代铜鎏金无量寿佛像

清代铜鎏金释迦牟尼像

清代铜鎏金释迦牟尼像

释迦牟尼由于创建了佛教，被尊称为佛祖，他的造像经历代制作，其数量极为可观。这两尊释迦牟尼像，坐姿均为结跏趺坐，也就是我们所说双盘。一般而言，释迦牟尼身姿为两种坐姿，一种立姿，但也有个别情况为倚坐姿。倚坐姿为两膝向前平行，腿足垂下，姿态就如我们现代人平常坐在椅子上的情形。

清代铜鎏金八臂多面观音像

清代铜鎏金四臂观音像

清代铜鎏金十一面八臂观音像

观音形像众多，其中多臂多面观音造像极有特色，以四臂、八臂观音佛像为多。十一面八臂观音，正前三面为慈悲相，左边三面为忿怒相，右边三面为白牙上出相，后面为暴怒大笑相，上面的则为佛面相。后六臂呈圆状展开，身二臂双手合十。寂静相的四臂观音为一面四臂，发结髻，头戴宝冠，饰耳环，身着珠宝八饰，面相慈祥，平静，双手合十结跏趺坐于莲花宝座之上。

多臂观音造型有明显的印度文化特点，呈现出观音通达法性，救度众生的品格。

清代铜鎏金无量寿佛像

清代铜鎏金佛像

清代铜鎏金佛像

清代铜鎏金大持金刚像

清代铜鎏金无量寿佛像

清代铜鎏金莲花手菩萨像

清代铜鎏金度母像

清代铜鎏金智行佛母像

智行佛母为藏传佛教中的智慧女神。其造型以古印度女性传统舞姿等为基础，头戴骷髅冠，面呈忿怒状，袒露身躯，双乳丰满，手持弓箭待射，单足踩踏人兽，形态极为英武。有些造像的莲座上配置火焰的纹饰，则更为光彩繁丽。

清代铜鎏金无量寿佛像

清代铜鎏金观世音菩萨像

度母又称为救难母，梵音译为“多罗”。是藏传佛教的重要女性佛神。在藏传佛教纷繁的佛陀中，度母的形象最为端庄、秀美。在藏地，度母受到广大民众尤其是女性信众的敬奉。度母是观音菩萨化现的，有二十一相，分为二十一度母。据传，观音菩萨在无量劫前，救助的众生已相当可观。可某天她用神眼洞察世界，看到苦难的众生仍然很多，顿生慈悲，泪流不止。这时泪花化现为莲花，莲花又化现为绿度母，最后化现出二十一个度母。成为解救众生的佛母。在二十一度母中，绿度母、白度母的造像数量最多。

清代铜鎏金度母像

清代铜鎏金白度母像

清代铜鎏金度母佛像

白度母造型和绿度母较为相似，不同之处为：绿度母左腿单盘，右腿下展踩莲，而白度母则双腿盘坐。另一方面，白度母头有三眼，加上手心、足心有四眼，共有七只眼，所以又称七眼女神。白度母额上之目可观十方无量佛土，其余六目观六道众生，据说凡被观者，皆得解救。除此之外，两度母身色绿、白有异，也是显著的区别。

清代铜鎏金莲花手观音菩萨像

清代铜鎏金莲花手观音菩萨像

莲花手观音，为隋代前在中国北方地区流行的一种观音造型。其形式为：观音头戴花蔓佛冠，大多袒露其上身，胸前佩饰璎珞，肩部披软帛，手持长茎莲蕾。站立或趺坐于莲花座上。莲花手观音是广受民众喜爱的佛造像之一。

清代铜鎏金欢喜佛像（背面）

清代铜鎏金欢喜佛像

欢喜佛是藏传佛教特有的，只有藏传佛教的寺庙中才有供奉。欢喜佛的形象一般为男女合抱，很多人认为是交媾行乐，其实这是对欢喜佛本意的很大误解。欢喜佛的供奉是一种修炼的“调心工具”和培育佛性的机缘。藏传佛教有一个很著名的传说，讲崇尚婆罗门教的一个国王，名叫毗那夜迦，该王对佛教信众凶残无比，释迦牟尼派观音变成艳丽的美女和其交媾，使残暴好色的国王最终弃恶从善，皈依佛教，成为佛教众金刚的主尊。这一传说，使人们从一个角度理解欢喜佛的某种内涵。

大威德金刚，是众佛菩萨为了降服魔障，所呈现的一种忿怒身。忿怒身形象威勇，怒相异常，有金刚、明王的不同称谓。大威德金刚是五大金刚（大威德、密集、时轮、欢喜、胜乐）中造型最繁复，形象最恐惧的金刚。大威德金刚为九头三十四手臂十六足，足踩人兽，裸体站立于莲花座上，威猛恐怖。

清代铜鎏金双身大威德金刚像

清代铜鎏金大威德明王像

清代铜鎏金双身十二臂上乐金刚像

清代铜持嘎布拉喜金刚像

清代铜鎏金金刚像

清代铜鎏金大黑天像

大黑天是藏传佛教中的护法神。大黑天最早原为古印度的战神，他在争战中护卫广大民众，神勇无比，并降福于受难者。由于这样特质，元太祖忽必烈将其视为军队的神灵加以供奉。大黑天造型繁复，藏传佛教中有二臂、四臂、六臂等形象，面呈忿怒相，十分威武。另外，有些也配置火焰背纹装饰。

清代铜鎏金大黑天像

清代铜鎏金大黑天像

布袋和尚为五代时的一位高僧，法名契此，浙江奉化人。布袋和尚的记载始于北宋初年的《宋高增传》。由于他常用杖背负一只布袋入街市化缘，所以人们称他为布袋和尚。由于他佛法神灵，测福灭灾，深受人们的喜爱。后人们以布袋和尚圆寂前的偈语为由，认为是其弥勒佛的化身，塑其形象作为弥勒佛供奉。

以布袋和尚形象塑弥勒像之风传播至中国周边地区及东南亚国家，影响深远。

清代黄杨木雕菩萨像

高41厘米

清代瓷哥釉布袋弥勒佛像

清代瓷塑粉彩观音像

清代从乾隆时期开始比较流行瓷塑人物，瓷塑人物以粉彩为主，粉彩瓷塑观音像是乾隆和嘉庆时期十分盛行的品种，用于供奉于寺庙之内。乾隆时期粉彩观音像施彩柔美，造型端庄，人性化较强，价值很高。

清代瓷塑粉彩描金观音像

佛塔，也译为浮图。一般认为佛塔为佛主释迦牟尼圆寂后放置舍利的建筑。随着佛教的不断传播，佛塔也成为佛教的形象建筑。佛塔有多种类型，如阿育王塔、金刚宝座塔、复钵式塔、多层宝塔等。

清代铜鎏金佛塔

清代铜鎏金佛塔

清代铜鎏金佛塔

古代佛造像识伪图解

后仿石佛表面做旧有多种方法，主要有胶掺墨灰涂沫法，用颜色染色法，用氢氟酸腐蚀法，烟熏火烤法等等。用这些方法仍掩饰不了现代人为制作的破绽，在石佛表面，做伪者因为面面具到，所以表面颜色过于均匀，人为痕迹仍然明显。另外刀刻技法亦多为机械加工，线条僵硬没有古代工匠刀刻的韵味。

现代仿唐石涂钛金佛像

现代仿隋石佛像

现代仿唐石佛像

东魏石雕佛像

现代仿北齐石佛像

现代仿北魏石佛像

现代仿北魏石佛像

年代较为久远的木佛，材质多为松柏等硬杂木雕刻而成。这些木佛多因年代久远，经过风吹雨淋，大多有裂纹并且体重较轻。现代后仿木佛较多见，后仿木佛与真品相比，体重显得太重，这是因为后仿木佛的木质中的水分还没有干尽，古代木佛经过几百年甚至千年的风化，木质中已不存在水分，所以体积显得较轻。古代木佛刀刻技术犀利流畅，而后仿木佛刀工多有停顿痕迹，经过对比便可看出真伪之间的差异。

宋代木雕佛像（头部）

现代仿清木雕金刚像

宋代木雕释迦牟尼像

明代佛造像近些年升值空间很大，拍卖价位屡创新高。因此，造假便应运而生，造假者挖空心思仿造，但仍有很多破绽难以过关。因为古今铸造工艺手法不同，明代早期用陶范铸造，也有用传统的失腊法铸造，铸造出的佛像工艺精细。现代仿明代佛造像铸造工艺虽然也用失腊法铸造，即模具里芯用腊，外壳用石英砂，但是模具不如真品精确，铸造的衣褶细部不如真品自然细腻。另外，佛底部经常沾留有铸造遗存的石英砂，这也是仿品的破绽。

明代铜鎏金释迦牟尼像（上身）

现代仿明铜鎏金佛像

明代仿明铜鎏金佛像

明代铜鎏金十一面观音像

高40厘米

仿佛造像所用材质多种多样，近年有用锡铜仿制明代佛像，虽然仿造工艺较为复杂但很多纹饰都是新创的，是明代佛像之中所没有的，例如下面这尊锡铜佛像上的腿部裤纹和底座莲花纹下层又多做一层纹饰，有画蛇添足之感。另外一件仿清代铜佛像，虽经作旧，但铜表面没有老佛呈现出的包浆，掩盖不住新的痕迹。与上面这件铜鎏金佛相比，无论工艺还有造型都相差甚远。

现代仿清铜金刚像

现代仿明锡铜佛像

清代铜鎏金白度母像

清代铜鎏金绿度母像

现代仿清铜绿度母像

现代仿清铜绿度母像

清代铜鎏金佛造型端庄，比例适中。铸造工艺精致，佛像五官清晰，身材与头部比例谐调，衣纹与缨络纹自然流畅。另外，冠饰和膀花铸造精美细致。而仿品身材和头部比例失调，铸造工艺粗糙，膀花整块铸造，显得生硬呆滞。经过对比，真伪造像制作工艺反差很大。

现代仿古代铜佛像的表层没有老佛表层出现的那种包浆和黑漆古。现代仿制者用各种手法极力仿造老佛的表层包浆和黑漆古。其方法有几种，一是用盐咬浸泡，二是用烟熏火燎，三是用盐油涂沫，再用火烤等等。但无论仿制者手段多么高明，也做不出古代佛像表层经过漫长时间的风化浸染，而自然形成的氧化现象。后仿佛的表层做出的黑漆古和包浆显得新亮，不如老佛深沉柔和。

现代仿铜佛像

现代仿铜佛像

现代仿明铜佛像

现代仿辽代铜鎏金佛像

瓷塑佛造像近年仿品很多，以景德镇窑和德化窑白瓷为主。仿品多为观音像，常见的有滴水观音，送子观音等。仿品釉面不如真品柔和，釉面光泽贼亮扎眼，造型多为现代人的视觉比例，面部五官表情生硬，不如真品自然和善。真品头部虽然略大，但很生动自然，具备古代韵味。仿品和真品相比，头部略显小，现代造型明显。此外衣褶及手脚姿态都显僵硬，不如真品自然流畅。

清代德化瓷观音像

现代仿清瓷观音像

现代仿清瓷送子观音像

清代铜佛像

现代仿清铜鎏金佛像

这是一件现代仿清代铜鎏金佛像，虽然铸造工艺比较复杂，但和真品相比还是有破绽的。真品金水比较厚重深沉，这是因为多次施金，后经过百年以上的时光风化，金水中的汞在氧气的光和作用下，都自然发散掉了，所以金水颜色多为黄中泛红。而后仿者因为时间短，金水中残存的汞没有挥发干净，所以金水黄中泛白。另外，后仿金水不如真品厚重，是因为仿者舍不得多施金水，是为了降低成本。查验金水是鉴别佛像真伪的重要因素之一。

现代仿清铜鎏金佛像

清代铜鎏金如来佛像

现代仿清铜鎏金佛像

清代真品如来佛开脸比较有特点，一般五官比较紧凑，额头较宽，嘴较小，神态安祥。现代仿品五官略显松散，脸部较大，面部表情呆板。真品体态自然谐调，头、肩、腰及腿姿和莲花底座比例适中。而仿品底座显大，头部、手腿及腰的比例有些失调，与真品相比差异很大。

现代仿锡铜金刚像

现代仿铜佛像

现代仿北魏铜佛像

现代仿铜佛像

这四件现代仿佛像，由于其造型较为特殊，也较难用真品或图册中的形象比对，识别起来有一定困难。这就需在长期的收藏鉴别实践中积累经验，不仅要掌握伪品的识别知识，还要熟知各时期众佛陀的造像特点、风格，使自己的眼力不断提高。